高等职业教育旅游与餐饮类专业产教融合新形态教材

餐饮生产流程管理

（活页式）

主　编 ◎ 韩昕葵　陆静芳　沈晓文
副主编 ◎ 王　霞
主　审 ◎ 杨铭铎

西南交通大学出版社
·成　都·

图书在版编目（CIP）数据

餐饮生产流程管理：活页式 / 韩昕葵，陆静芳，沈晓文主编. -- 成都：西南交通大学出版社，2024. 4
ISBN 978-7-5643-9803-3

Ⅰ. ①餐… Ⅱ. ①韩… ②陆… ③沈… Ⅲ. ①饮食业－生产流程－生产管理－高等职业教育－教材 Ⅳ. ①F719.3

中国国家版本馆 CIP 数据核字（2024）第 080584 号

Canyin Shengchan Liucheng Guanli（Huoyeshi）
餐饮生产流程管理（活页式）

主　编 / 韩昕葵　陆静芳　沈晓文

策划编辑 / 李华宇　吴　迪　郑丽娟
责任编辑 / 吴　迪
助理编辑 / 赵思琪
封面设计 / 墨创文化

西南交通大学出版社出版发行
（四川省成都市金牛区二环路北一段 111 号西南交通大学创新大厦 21 楼　610031）
营销部电话：028-87600564　　028-87600533
网址：http://www.xnjdcbs.com
印刷：四川玖艺呈现印刷有限公司

成品尺寸　185 mm × 260 mm
印张　11.75　　字数　281 千
版次　2024 年 4 月第 1 版　　印次　2024 年 4 月第 1 次

书号　ISBN 978-7-5643-9803-3
定价　39.00 元

课件咨询电话：028-81435775

序

中国饮食文化博大精深，源远流长，历经数千年的传承与发展，已然成为中华民族的瑰宝之一。在当今时代，餐饮行业更是展现出蓬勃的生命力与广阔的发展前景，在满足人们对美好生活的向往，传承和发展中国饮食文化方面发挥着越来越重要的作用。

在全球注重品质、效率与可持续发展的大趋势下，餐饮生产流程管理的理念、方法、技术也在飞速演进。这些变革不仅保障了从业者的职业健康，更让餐饮工作变得更加有序、高效且充满创意。餐饮食材与烹饪方式持续推陈出新，顾客对餐饮体验的期望也日益提高，这使得餐饮生产流程管理的技术要求不断攀升。做好餐饮生产流程管理的意义在于优化生产组织，提高生产效率和保障产品质量。一个优秀的餐饮生产流程管理者愈发显得至关重要，而这样的人才需要紧跟时代步伐，汲取先进的管理经验、技巧和模式，从而能够适应行业的发展需求，成长为餐饮业内的杰出人才。

餐饮生产流程管理的技能，很大程度上体现在对各个环节的精准把控和巧妙协调上，其核心在于通过充足的实践训练逐步积累经验。只有循序渐进、不断磨砺，才能达到熟能生巧的境界。

该教材正是基于以上的趋势、需求和理念，紧密结合餐饮产业需求编写的。教材以新型活页式的方式呈现，符合学生的认知规律。同时，突出政治性和思想性，具有较强的时代性、科学性、知识性和实用性。

相信该教材的出版发行，使我们能够全面掌握先进的管理理论与技术技能，并通过科学合理的评估方法，找出自身的优势与不足，从而培养受餐饮行业欢迎的优秀技术技能人才，助力现代餐饮职业教育高质量发展。

期望所有餐饮烹饪专业的教师和学生（学徒）都能高度重视流程管理技术技能，加强实践操作，积极创新训练方法，与时俱进，共同推动我国餐饮行业持续蓬勃发展，为全面建设社会主义现代化国家贡献力量。

全国餐饮职业教育教学指导委员会副主任委员
中国烹饪协会餐饮教育工作委员会主席　杨铭铎
哈尔滨商业大学原副书记 副校长
博士 教授 博士生导师
2024 年 3 月

前言

习近平总书记在党的二十大报告中指出：“必须坚持科技是第一生产力、人才是第一资源、创新是第一动力”“统筹职业教育、高等教育、继续教育协同创新，推进职普融通、产教融合、科教融汇，优化职业教育类型定位。”

近年来，教育部先后印发了《国家职业教育改革实施方案》《职业院校教材管理办法》《“十四五”职业教育规划教材建设实施方案》，明确提出建设一大批校企“双元”合作开发的国家规划教材，倡导使用新型活页式、工作手册式教材并配套开发信息化资源，要求每三年修订一次教材，其中专业教材随信息技术发展和产业升级情况及时动态更新。本书正是按照此要求进行编写的。

本书是在“十二五”职业教育国家规划教材《餐饮生产流程管理》的基础上修订而成的，为对接科技发展趋势和市场需求，在该书的基础上加入了智能化餐饮技术行业的新技术、新工艺、新规范等，在技能操作内容部分融入了世界大赛、国赛标准，实现以赛促学、以赛促教、以赛促改的人才培养理念。

本书共分为九个模块，二十一个任务，主要介绍了认知岗位、规范管理、营销促销、优质服务、菜品研发、采购验收、生产加工、食品安全、成本控制等内容。为便于教学和自学，配套有丰富的数字化资源。本书可作为高等职业院校旅游、餐饮专业相关课程的教材，也可供餐饮企业管理人员自学使用。

本书具有以下特点：

（1）突出职业教育理念和产教融合特征。学校和企业共同开发，企业人员深度参与，突出体现“以学生为中心”“做中学，做中教”等职业教育理念和产教融合类型特征。

（2）融合企业场景实例。基于企业真实场景，以实际岗位需求为目标，以服务就业需求为导向，体现项目化、任务式、模块化以及基于实际生产工作过程的教材内容体系。

（3）充分反映产业发展最新进展。紧扣专业人才培养能力目标，深度对接行业、企业标准，将实际解决方案、岗位能力要求、标准等内容有机融入教材，反映最新生产技术、工艺、规范和未来技术发展，体现教学改革要求及高素质技术技能人才培养特色。

（4）融合“1+X”证书职业等级考核内容。技能操作内容部分对标全国职业院校技能大赛餐厅服务赛项，对接餐饮服务管理职业技能等级“1+X”证书相关内容。

（5）配有丰富的数字化资源，方便线上线下混合式教学。配备的数字化资源包含技能大赛操作视频、课件、习题、实训方案等。这些资源均可通过扫描书中相应位置的二维码或登录数字教育平台进行学习，方便学习者提前学、现场学、巩固学，实现线上线下混合式教学，充分满足了“互联网+职业教育”的新要求。

（6）采用新型活页教材形式。采用活页装订形式，每个模块相对独立，可以根据技术革新或实际需求取出或加入新内容（如新技术内容、活页作业、学习笔记、功能插页等）。

（7）“润物细无声”地融入课程思政元素。注重学思结合、知行统一，增强学生勇于探索的创新精神和善于解决问题的实践能力。

本书由云南旅游职业学院韩昕葵、昆明市茴香餐饮娱乐有限公司陆静芳、云南旅游职业学院沈晓文担任主编，王霞担任副主编，刘万璇、李林灿、郝泽谭参与编写，由全国餐饮职业教育教学指导委员会副主任委员和中国烹饪协会餐饮教育工作委员会主席杨铭铎先生担任主审。

由于作者团队水平有限，书中难免存在不足之处，敬请各位读者批评指正，以便能及时修改和完善。

编　者

2024 年 3 月

本书数字资源请扫码观看

目录

01 模块一

认知岗位

>>>>>>>>>>>

知识要求

1. 掌握餐饮企业的作用。
2. 掌握餐饮企业的组织架构。
3. 掌握餐饮企业的日常工作流程。
4. 掌握餐饮经理的岗位要求。
5. 掌握餐饮经理的工作内容。

技能要求

1. 能正确理解餐饮企业规范化管理的内涵。
2. 能画出餐饮企业日常工作流程图。
3. 能对个人职业形象进行维护。
4. 能全面评价自己的职业能力。

素质要求

1. 具备良好的职业道德素养和社会责任感。
2. 具备精益求精、吃苦耐劳的工匠精神。
3. 具备艰苦奋斗、勇于创新的劳动精神。
4. 具备餐饮服务人员应有的综合素质和职业素养。

知识准备

餐厅（Restaurant）一词，根据《法国百科大辞曲》的记载，其词源为“derest-aurer,”是使人恢复精神与气力的意思。通俗地说，餐饮业就是围绕人们的体能恢复而形成的与饮食消费相关的各式各样的消费和服务的总和，主要包括食品烹饪与服务、饮料酒水制作与服务。

一、餐饮业概述

（一）餐饮业的定义

按欧美《标准行业分类法》的定义，餐饮业是指以商业营利为目的的餐饮服务机构。在我国，根据《国民经济行业分类注释》的定义，餐饮业是指在一定场所，对食物进行现场烹饪、调制，并出售给顾客，主要供现场消费的服务活动。餐饮业是重要的服务业，直接关系到人民的身体健康和生活水平。科学发展餐饮业，对于提高人民生活质量、扩大市场消费、拉动相关产业、增加社会就业、促进社会和谐等具有十分重要的作用。

餐饮部（Food and Beverage Department）是指宾馆酒店中的部门之一。

（二）餐饮业的分类

（1）按目标市场可以分为高级餐厅、大众餐厅。

高级餐厅是提供特色菜肴，出售美味精致的餐饮产品，拥有雅致的空间、豪华的装饰、温柔的色调和照明、古典的音乐等宁静优雅的用餐环境并提供周到而细致的餐饮服务的餐厅。高级餐厅讲究餐具，讲究摆台，通常使用银器和水晶杯。高级餐厅经常有高雅的现场音乐或文艺表演。但其用餐费用较高。

大众餐厅是向顾客提供大众化菜肴，拥有实用的空间、典雅的装饰、明快的色调和照明并提供周到的餐饮服务的餐厅。大众餐厅也讲究餐具和摆台，但是很少使用银器和水晶杯。其用餐费用适合大众的消费水平。

（2）按经营方式可以分为传统餐厅、自助餐厅、快餐厅等。

传统餐厅也称为服务上桌的餐厅，采用将菜肴和酒水送上餐桌的服务方式。

自助餐厅是客人自选自取适合自己口味菜品甜点就餐的餐厅。这种餐厅常常根据顾客的用餐习惯，将餐厅的菜肴和酒水分别放置在几个餐台上，每个餐台上陈列着各种菜肴。顾客需自己走到餐台去取菜肴，其就餐方式有两种：一是客人就餐先购票，到餐厅随意自取食品和饮料；二是先进餐厅随意自取食品和饮料，最后到门口结算付款。无论哪种方式都不得餐后带食品或饮料出餐厅。

快餐厅是销售有限品种菜肴（菜肴可以快速制熟），并且快速服务的餐厅。餐厅的装饰常采用暖色调，也有的采用冷色调。餐厅的布局显示明亮和爽快。菜肴的价格大众化。

（3）按经营品种可以分为风味餐厅、咖啡厅。

风味餐厅包括两个大类，一是广东风味、四川风味、淮扬风味等中餐厅。二是法国风味、意大利风味、美国风味、俄罗斯风味等西餐厅。风味餐厅的特色主要通过菜单、服务、餐具、摆台及餐厅的装饰体现出来。

咖啡厅是以销售大众化的各国菜肴和小吃为主的餐厅。在非用餐时间，还是销售咖啡、饮料，供人们聚会和聊天的场所。咖啡厅的营业时间和销售品种通常根据顾客的需求而决定。一般从早上 6 点开始营业至凌晨 1 点，有的咖啡厅甚至 24 小时营业。

（三）餐饮产品生产的特点

餐饮企业既生产有形的实物产品（如名目繁多的美味佳肴），又生产无形的服务产品（如优雅的就餐环境和热情周到的餐饮服务）。与其他产品的生产相比，餐饮产品的生产、管理和服务有其自身的特点：

（1）餐饮生产属于个别定制生产，产品规格多、批量小，只有在客人进入餐厅，根据菜单分别点菜后，才能组织菜肴等餐饮产品的生产、销售和服务。这与工业产品大批量、统一规格的生产不同。餐饮产品的生产是以手工制作为主，它既是厨师的技术性操作过程，同时又是烹饪艺术的构思创作过程，这给餐饮产品标准的统一和质量管理带来了难度。

（2）餐饮生产过程时间短，餐饮产品的生产、销售和服务几乎是同时进行的，客人从点菜到消费的过程相当短暂，能否在较短的时间内生产出令客人满意的优质产品，这对厨房的管理水平和厨师的技术水平都提出了较高的要求。

（3）生产量难以预测，客人餐饮消费具有较大的随机性。客人何时来，人数多少，消费什么餐饮产品，都是变量。由于餐饮需求变动因素较多，餐饮生产量很难确定，餐饮生产具有不确定性，因此，这就要求严把餐饮产品质量关，服务好每一位客人，让客人的每一次消费都得到最大限度的满意，以此来提高客人对餐饮品牌的忠诚度。

（4）餐饮产品及原料容易变质。餐饮产品具有一次性消费的特点，相当一部分餐饮产品是用鲜活的餐饮原料烹制成的，具有很强的时间性和季节性，若处理不当，原料极易腐败变质，从而失去食用价值。因此必须加强管理才能保证产品质量并控制餐饮成本。

（5）餐饮产品生产过程环节多，管理难度较大。从餐饮原材料的采购、验收、储存、加工、烹制、服务、销售到结收账款，餐饮产品生产的整个过程的业务环节较多，任一环节出现差错都会影响餐饮产品的质量及企业的经济效益。因此，餐饮产品生产过程的管理难度较大。

（6）生产成本具有多变性。餐饮生产从原料的加工、切配到烹制、装盘销售，经历了多个环节，每个生产环节的管理和控制都会对生产成本造成影响。因此，在生产过程中必须建立一整套完整的操作规程和生产标准，减少成本，确保应有的经营利润。此外，原材料季节性变化较大，市场价格波动也会造成生产成本的变化，从而影响到餐饮生产成本的控制。

（四）餐厅经营场地要求

（1）要有合适的经营服务场地。对于餐厅的经营场地，要求其具有结构坚固、通风良好、光线充足、温度适宜等特点。餐厅的门面装饰要美观，有明显的标志，字号牌匾的文字书写规范、工整、醒目，店面橱窗有特色，清真餐馆要悬挂规定的标志。餐厅必须有与经营规模、接待能力相适应的加工制作场地、供客人就餐的场地以及能满足需要的库房。

（2）必须拥有生产服务设施。这就要求餐厅必须有供客人就餐的设施。有制作加工食品的工具、用具、灶具等设备，有与经营规模、经营档次相适应的冷藏设备，有专用的餐具、酒具及洗刷、消毒设备，有与经营档次、经营规模相适应的卫生设施，有防蝇、防鼠、防虫、防潮以及处理垃圾的措施和设施。洗刷消毒用的洗涤剂、消毒剂要符合相关规定。加工制作的场地应有专门制作冷荤的条件以及消毒餐具的条件。热能供给系统（器具）应符合安全标准。上下水条件齐备，饮用水符合卫生标准的规定。计量器具要符合标准。防火、灭火设施齐备。

（3）在经营管理过程中必须严格按照国家有关的法律、法令和行业的有关规定组织经营管理，明确经营范围和经营方式。明示营业时间、供应品种、服务项目并严格执行明码标价的规定。以食品制作加工成本卡（单）为来料加工制作依据，做到各种原料、辅料、调料的质量符合国家有关的规定和要求。

（4）在经营过程中必须认真贯彻实施《中华人民共和国食品卫生法》《中华人民共和国食品安全法》。有健全的卫生管理制度并设专人负责卫生管理工作。实行岗位责任制及服务规范化，上岗人员一律着工作服，佩戴标志。制售食品做到生熟分开、工具分开、存放分开，冷荤制作符合专人、专室、专工具、专冷藏、专消毒的要求。食饮具消毒应符合相关规定。

（五）餐饮从业人员的要求

（1）从业人员的基本要求：信守职业道德，遵纪守法；具有初中以上文化程度或同等学历，并持有国家颁发的技术等级证书或经过专业部门考核，能达到岗位合格的要求；身体健康，无传染性疾病和其他有碍食品卫生的疾病，并且按规定定期进行健康检查，取得健康合格证；熟悉岗位责任和服务规范的要求。

（2）经营管理者的要求：熟知国家和行业主管部门对经营餐饮业的有关法律、法令和各项规定；掌握经营餐饮业的基本知识，能解决并处理生产服务过程中出现的具体问题；具有一定的经营管理能力和组织领导能力。

（3）烹调工作人员的要求：从事烹调的工作人员即过去常说的“红案”工作人员。要求在认真执行有关食品卫生的各项规章制度的前提下熟悉烹调原料名称、性能、用途、营养搭配和保管要求；掌握一般烹调原料加工制作过程，包括分类、宰杀、洗涤、泡发、切配的基本技能和成本核算方法；掌握炉灶、冰箱、机具、器皿及厨房设备的使用和保管方法；能运用常用烹调方法，烹制出能体现餐厅经营特色并符合质量要求的菜肴，并且做到投料准确、质量稳定。

（4）面点制作人员的要求：面点制作人员即过去常说的“白案”工作人员。对于从事这份工作的要求（在认真执行有关食品卫生的各项规章制度的前提下）是：第一，必须掌握面团的调制、制馅、成型、成熟等各项工艺；第二，要掌握炉灶、机具、器皿及厨房设备的使用和保管方法；第三，要掌握各种面点、小吃的原料名称、性能、保管方法及主要面点、小吃的制作过程；第四，能制作本店所经营的各种面点、小吃品种，做到分量准确、质量合格。

（5）服务人员的要求：熟悉餐厅服务规程，能用礼貌用语独立接待宾客，服务周到，算账准确，具备一定的外语会话能力；熟悉一般菜品的名称、规格和口味特点，能根据不同宾客的需要介绍适宜的口味；能按服务规程接待散座客人与一般宴会；懂得常用餐具、设备的使用、保管及维护方法；能做好班前准备和班后收尾工作。

（六）餐饮生产流程管理相关政策和法规

1.《中华人民共和国食品卫生法》

为保证食品卫生，防止食品污染和有害因素对人体的危害，保障人民身体健康，增强人民体质，1995 年 10 月 30 日，《中华人民共和国食品卫生法》正式施行。国家实行食品卫生监督制度。国务院卫生行政部门主管全国食品卫生监督管理工作。国务院有关部门在各自的职责范围内负责食品卫生管理工作。凡在中华人民共和国领域内从事食品生产经营的，都必须遵守。2009 年 6 月 1 日，《中华人民共和国食品安全法》正式实施，同时《中华人民共和国食品卫生法》废止。

2.《中华人民共和国食品安全法》

《中华人民共和国食品安全法》于 2009 年 2 月 28 日第十一届全国人民代表大会常务委员会第七次会议通过，自 2009 年 6 月 1 日起施行，并根据 2021 年 4 月 29 日全国人民代表大会常务委员会关于修改《中华人民共和国道路交通安全法》等八部法律的决定第二次修正。国务院设立食品安全委员会，其职责由国务院规定。国务院食品安全监督管理部门依照本法和国务院规定的职责，对食品生产经营活动实施监督管理。国务院卫生行政部门依照本法和国务院规定的职责，组织开展食品安全风险监测和风险评估，会同国务院食品安全监督管理部门制定并公布食品安全国家标准。国务院其他有关部门依照本法和国务院规定的职责，承担有关食品安全工作。

3.《餐饮企业经营规范》

《餐饮企业经营规范》（SB/T 10426—2007）是经中华人民共和国商务部发布，于 2007 年 12 月 1 日起正式实施的国内贸易行业标准，是餐饮行业标准体系中的基础性标准。该规范从餐饮企业经营应具备的基本要求、经营场地、设备设施、规章制度、卫生安全和后续处理方面提出了规范要求。此规范还根据建设节约型社会的要求，从环保和节能的角度提出了餐馆减少使用一次性木筷等方面的要求，适用于各种经济类型的餐饮企业，具有较强的行业指导性和可操作性。

4. 2010 年以来餐饮业相关的政策法规

2010 年以来，我国针对屡发的食品安全问题发布了多项政策法规。

（1）《国务院办公厅关于印发 2010 年食品安全整顿工作安排的通知》（国办发〔2010〕17 号）。

（2）《餐饮服务许可管理办法》（卫生部令第 70 号）。

（3）《餐饮服务食品安全监督管理办法》（卫生部令第 71 号）。

（4）《商务部关于进一步做好餐饮业有关工作的通知》。

（5）《国务院办公厅关于加强地沟油整治和餐厨废弃物管理的意见》（国办发〔2010〕36号）。

（6）《食品安全国家标准管理办法》（卫生部令第77号）。

（7）《卫生部 工业和信息化部 公安部 监察部 农业部 商务部 工商总局 质检总局 食品药品监管局关于加强食品添加剂监督管理工作的通知》（卫监督发〔2009〕89号）。

（8）《国务院办公厅关于印发2011年食品安全重点工作安排的通知》（国办发〔2011〕12号）。

5. 其他相关标准

GB 5749—2022《生活饮用水卫生标准》。

二、管理的基本原理

什么是管理？管理者应该做什么？简言之，管理活动就是用你所得到的东西去做你需要做的事情，即利用获得的资源去实现组织的目标。可供餐饮管理人员使用的资源很多，主要包括人员、资金、时间、能源、产品、设备、程序等。但是，所有的资源供给都是有限的，永远都不会拥有足够的资源。因此，作为一个管理者的任务就是要确定如何对可用的有限资源进行最佳利用。

（一）管理程序

管理过程可以分为七个部分：计划、组织、协调、用人、指导、控制、评估。不论哪一类的餐饮企业，这七个方面都是管理过程的基本内容。

（1）计划。计划的任务是制订长远的和眼前的目标，以及为这些目标应该采取的行动。餐饮企业的每一位经理，不论其职务高低，都必须制订计划。高层管理人员要制订长远计划，确定长远发展目标以及为实现这些目标应该采取的战略；中层管理人员要为实现近期目标制订经营计划；基层管理人员要制订日常经营的督导计划。制订计划时，各级管理人员要相互通气，如果计划涉及员工时，管理人员应该尽可能与他们沟通，这样计划在员工眼里会成为“我们的计划”，而不仅仅是“管理者的计划”。

（2）组织。为了达到企业的目标我们应该如何整理和使用有效的人力资源，这包括建立权力（权限）传递和人员之间沟通的程序。建立组织机构首先要注意确保每个员工只有一名主管，其次要认真安排每位主管所管理员工的数量，这一点根据主管的经验、工作的复杂程度、指导员工的工作量、工作可能出现差错的频率以及主管能从其上级得到多少帮助等因素的影响而定。各级管理者都有相应的决策权，若一个主管只有做事的责任，而没有相应的权力，是非常糟糕的。甚至对员工也应下放权力。

（3）协调。协调是为了完成经营目标而分派工作，安排人员以及其他资源的一项管理工作。协调要靠沟通才能实现。必须建立有效的管理渠道，使信息上下传递、跨部门传递。只有部门的内部管理人员之间和部门经理之间建立起畅通的沟通渠道，才能实现企业的经营目标。

（4）用人。用人是招募和聘用求职申请人的管理活动。用人的目标是将最高素质的员工吸引到企业中来，同时将他们合理地安排到空缺的岗位。要达到这个目标，岗位分析很重要，在这个分析中明确规定了能成功胜任该项工作所必备的个人条件。

（5）指导。指导是指对员工的工作安排、督导和制度约束。督导过程中要善于激励员工，善于将企业目标和员工个人目标协调吻合，这样当工作能够体现员工个人需求时，他们就会被激励。

（6）控制。餐饮企业的特点决定了建立菜单计划，以及产品的采购、验收、储藏、发放、初加工、烹制、服务、清洁和维护的控制程序是必要的。餐饮生产流程管理的控制点如下：

① 菜单计划。菜单计划是餐饮生产流程管理的起点。因为菜单影响到其余的控制点，经营者在设计菜单之前必须了解所有的控制点。举例来说，菜单的制订影响采购、验收、储藏、发放、初加工、烹制及服务程序，这些程序因食品原料的不同而改变。在有些情况下菜单的制订也会影响设备的设计和布局、必备的设施设备和劳动力需求。

② 采购。采购对于保证产品价值和质量、降低投资成本及提升经营竞争力都是非常重要的。完善的采购技术能保护利润、控制成本，并且降低风险。

③ 验收。验收是一个关键的控制点，因为这一点的运作直接关系到产品质量。验收功能包括检查质量、数量和价格。适当的验收实践与熟练的采购技能相结合，能使精心计划的菜单发挥最大效果。

④ 储藏。食品原料是有价值的资产，不同类型的储藏方式（干燥、冷却和冻结）可避免污染、腐败和被盗，确保损失和风险降到最低程度，以获取最大利润。

⑤ 发放。发放是将食品原料从储藏地发放到其他环节的控制点。发放控制的目的是确保原料只发放到适当的被授权的制作部门。设计不合理的发放系统会破坏卫生的效果，增加风险，减少利润。

⑥ 初加工。初加工是食品原料烹制前所进行的一系列加工活动。清洗、蔬菜去皮、肉的分档取料、配菜等均为初加工活动。应避免原料在初加工过程中暴露在不卫生的环境下，因此在这一控制点，卫生标准很重要的。

⑦ 烹制。烹制是为了改变食品原料的色泽、味道、质地、口感和营养价值而需加热的控制点。食品原料在烹制期间风险性进一步增加，因此在这一控制点，一定要严格检测。

⑧ 服务。服务是将制作后的菜点通过服务人员从制作部门传递给客人的过程。这一控制点的服务设计应满足高质量的产品能迅速地呈送给客人的要求。这一控制点的服务标准应该把重心集中在食品安全和质量上。

⑨ 清洁和维护。清洁和维护是最后的控制点，也是最重要的控制点之一。清洁与其他基本操作活动有密切的关系。许多其他控制点的标准也是清洁的标准，与卫生和维护有关。

上述 9 个控制点是所有餐饮企业的基础。虽然特殊标准和操作程序将会依个体操作的不同而改变，但是基于这些控制点的管理模式可适应任何餐饮企业。

（7）评估。从管理的角度讲，评估的任务就是回顾为实现企业整体目标的经营过程，然后问“我们的工作完成得怎样？”并以此为依据修订计划。

（二）规范化管理

规范化管理也称为标准化管理，内容包括：决策程序化、考核定量化、组织系统化、权责明晰化、奖惩有据化、目标计划化、业务流程化、措施具体化、行为标准化、控制过程化。

餐饮企业规范化管理就是从餐饮企业生产经营的整体出发，对餐饮生产过程各环节的各项生产要素通过制定制度、规范流程、确定标准，严格实施，以使企业协调统一地运转。建立这些标准体系的一系列活动就是管理的规范化。

任务实施与评价

任务一　认识餐饮企业

一、任务实施

餐饮企业日常工作流程的任务实施步骤见表 1-1。

表 1-1　餐饮企业日常工作流程

任务一　餐饮企业日常工作流程	
任务步骤	任务描述
搜寻资料	从红餐网（http: //www.canyin88.com）中展开学习
观察记录	根据所观察的结果与所学的知识完成任务工单
经验分析	结合生活经验完成任务工单

二、学生工作页

（1）分成 4 个小组通过学习分析网络资料，结合日常生活经验完成对餐饮企业日常工作流程的梳理。

（2）学生任务单见表 1-2。

表 1-2　餐饮企业日常工作流程（学生任务单）

<table>
<tr><td colspan="4">任务一　餐饮企业日常工作流程</td></tr>
<tr><td>班级</td><td></td><td>姓名</td><td></td></tr>
<tr><td colspan="2">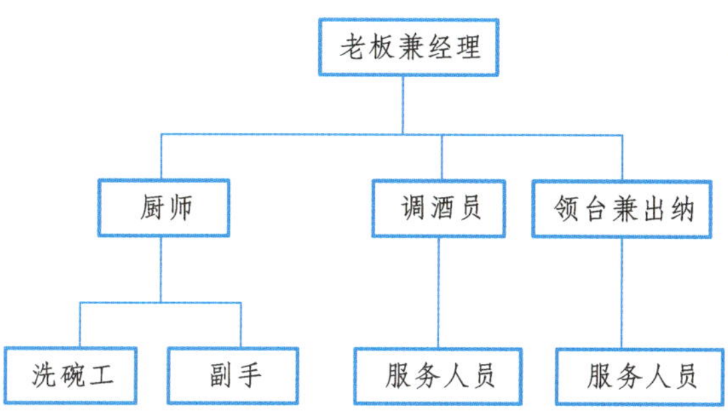

图 1-1　中小型餐饮店的组织架构示例</td><td colspan="2">1. 图 1-1 中的餐饮企业的管理架构属于________。
A. 扁平式管理
B. 垂直式管理
2. 分析上述两种管理模式的优劣</td></tr>
</table>

续表

<table>
<tr>
<td>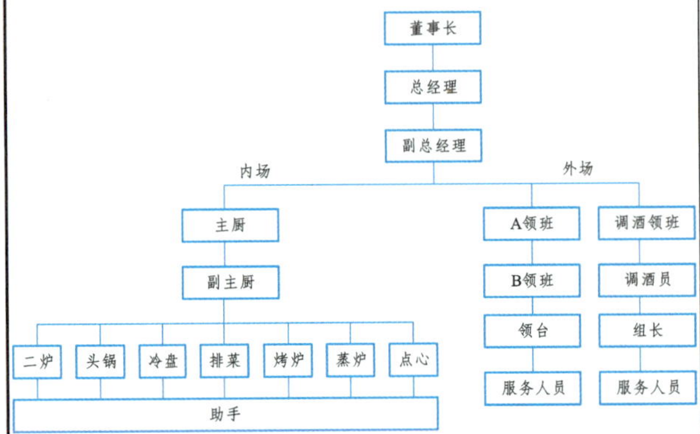

图 1-2　大型餐饮店的组织架构示例</td>
<td>1. 图 1-2 中的餐饮企业的管理架构属于______。
A. 扁平式管理
B. 垂直式管理
2. 结合两张图规划自己的岗位</td>
</tr>
<tr>
<td colspan="2">请画出你认为最合适的餐饮企业的管理流程图：</td>
</tr>
</table>

任务二　规划岗位

一、任务实施

个人职业规划的任务实施步骤见表 1-3。

表 1-3　个人职业规划

<table>
<tr><td colspan="2">任务二　个人职业规划</td></tr>
<tr><td>任务步骤</td><td>任务描述</td></tr>
<tr><td>了解餐饮企业岗位</td><td>对岗位的认识主要包含两方面的内容，即岗位要求和工作内容。
符合职业要求的个人形象和心理素质、丰富的专业知识、较强的沟通能力、良好的职业道德是基本要求，对工作内容的仔细梳理是必备条件</td></tr>
</table>

续表

全面分析个人职业能力	1. 用才能力 员工是企业最大的财富，要善于发现和培养人才，合理使用人才； 2. 市场营销能力 以前瞻性的眼光准确把握餐饮市场的发展趋势； 3. 沟通能力 协调好、处理好与顾客、员工等不同群体之间的关系； 4. 创新能力 面对餐饮业复杂多样的经营业态，能以创新的观念开拓市场； 5. 判断能力 应思维敏捷，有自己独特的想法、建设性的意见或建议； 6. 处理危机或突发事件的能力 当出现短期或长期的危机及突发事件时，能最大限度地降低危机或突发事件的负面影响，带领员工奋发图强、走出危机； 7. 理财能力 应具备一定的财务知识，能控制不必要的支出。
确定个人职业规划	树立正确的成才观、就业观和择业观，科学合理规划学业与职业发展，提升就业竞争力；职业目标体现积极正向的价值追求，能够将个人理想与国家需要、经济社会发展相结合；职业目标匹配个人价值观、能力优势、兴趣特点；准确认识目标职业在专业知识、通用素质、就业能力等方面的要求，科学分析个人现实情况与目标要求的差距，制订合理可行的计划

二、学生工作页

（1）分成 4 个小组学习分析网络资料，结合日常生活经验完成对餐饮企业日常工作流程的梳理。

（2）学生任务单见表 1-4。

表 1-4　个人职业规划（学生任务单）

任务二　个人职业规划			
班级		姓名	
1. 自我认知 （1）自我分析； （2）环境分析； （3）关键成就因素； （4）关键问题分析			

续表

2. 职业与目标 （1）职业发展周期； （2）职业发展的目标； （3）职业成功的标准	
3. 职业发展策略 （1）发展途径； （2）角色转换与能力转换	
4. 实施管理 （1）监督； （2）反馈	

02 模块二

规范管理

>>>>>>>>>>>

知识要求

1. 掌握管理的基本含义。
2. 掌握餐饮企业管理的要点。
3. 掌握餐饮企业的管理技巧。
4. 掌握餐饮企业个人形象要求。

技能要求

1. 学会制订工作计划。
2. 学会日常沟通技巧。
3. 能对个人形象进行维护。
4. 能自检个人形象。

素质要求

1. 具备良好的职业道德素养和社会责任感。
2. 具备精益求精、吃苦耐劳的工匠精神。
3. 具备艰苦奋斗、勇于创新的劳动精神。
4. 具备餐饮服务人员的综合素质和职业素养。

知识准备

“科学管理之父”弗雷德里克·泰罗（Frederick Winslow Taylor）在《科学管理原理》中认为：“管理就是确切地知道你要别人干什么，并使他用最好的方法去干。”

一、概 述

（一）管理的定义

管理是一种关键的协调过程，通过一系列精心策划的行动，包括规划、组织、领导和控制，以达成特定的目标或完成特定的任务。这个过程需要深思熟虑的决策和精细的资源分配，包括对人力、物力、时间和资金等元素的优化利用。管理不仅关注如何完成任务，而且注重如何更有效地完成任务以及如何通过提高效率和生产力来优化结果。

现代管理学科的应用非常广泛，特别是在商业领域。在如今的经济环境中，工商管理是最常见的形式之一，它涉及对企业运营各方面的策略制订和实施，包括市场研究、产品开发、供应链管理、销售和营销、人力资源管理等。然而，管理并非只限于商业领域。事实上，每一种类型的组织，无论其规模大小、性质如何，都需要对其日常事务、资源分配、人员协调等方面进行有效的管理。

以餐饮业为例，餐饮管理不仅涉及食品和饮料的制作，更包括对餐厅运营各方面的规划和控制，如菜单设计、食材采购、厨房和餐厅清洁、员工培训等。一个成功的餐饮管理不仅需要确保顾客享受到高品质的用餐体验，还需要通过有效的运营策略和管理手段来保障餐厅经营的有效性和盈利能力。这需要对市场趋势、顾客需求、行业动态以及员工能力有深入的了解和精准的判断。

（二）管理的特点

1. 管理是一种文化现象

管理思想理论是人类在漫长管理实践历程中创造和积累起来的精神财富，它既包含了人类对管理现象的深入思考，也蕴含了管理实践中所积累的智慧和经验。这一套理论，是在特定社会、组织或团体中经过长时间的磨合和沉淀，逐渐形成并共同接受的一套价值、观念、信念、习惯和行为模式。这些理论不仅对组织内部的运营和管理有着重要的指导作用，同时也对组织与外部环境的互动产生了深远的影响。

管理思想理论的体现，既在于组织内部的决策和行为模式，也在于组织与外部的交流互动。在组织内部，这种理论塑造了特定的组织氛围和特征，决定了组织成员间的相互关系和行为方式。例如，有的理论强调团队合作和共享决策，塑造了民主、平等的组织氛围；有的理论则强调领导力和层级制度，塑造了较为严格、等级分明的组织氛围。在组织与外部的交流中，管理思想理论也影响了组织对外部环境的认知和反应方式。例如，有的理论鼓励组织积极响应并影响外部环境，而有的理论则更强调组织对外部环境的适应和稳健。

这些管理思想理论，既反映了特定社会、组织和团体的文化，也塑造了其内部运作和外部交流的特征。它们是组织的灵魂，也是人类管理实践的精神财富，对于理解组织行为、提高组织效能、推动社会发展具有不可忽视的重要作用。

2. 管理的主体是管理者

管理者在组织中扮演着至关重要的角色，他们的能力和决策对组织的运作和绩效产生直接且深远的影响。成功的管理者往往具备一系列多元化的技能和能力，这些技能和能力包括但不限于领导力、沟通技巧、决策智慧以及问题解决能力等。

（1）成功的领导者需要展现出强大的领导力，以激励团队、制订目标，引导组织朝着预定方向前进。他们的领导风格可以因人而异，但通常都包含对团队成员的尊重、信任、授权以及鼓励他们发展和成长。

（2）良好的沟通技巧对于管理者来说是必不可少的，有效的沟通可以帮助他们更好地理解团队成员的需求、期望和困难，以便协调资源、解决问题，并在团队中建立共识。在决策方面，成功的管理者需要有清晰的目标和价值观，并能够基于这些原则来做出明智的决策。他们需要准确地评估风险和机会，并能够灵活地调整策略以适应不断变化的环境。

（3）解决问题的能力是所有优秀管理者所必备的技能。面对复杂的挑战和问题，他们需要能够理性分析、制订解决方案并实施行动计划，以便将问题转化为机会。

（4）成功的管理者还需要保持高度的灵活性和适应能力，以便能够应对不断变化的组织需求和市场环境。管理者需要持续学习、成长并更新自己的知识和技能，以保持与不断发展的组织目标和战略相一致。

3. 管理具备二重性

管理的二重性体现在管理同时具备科学性与艺术性。

首先，管理的科学性是指有效的管理必须有科学的理论、方法来指导，要遵循管理的一般原则与原理，只有按照管理活动本身所蕴含的客观规律办事，管理的目标才能实现。其次，管理的科学性是由一系列概念、原理、原则和方法构成的科学体系，有它内在规律可循。也就是说，在人类管理活动的长河中，人们通过总结管理实践中大量的成功经验及失败的教训，已经归纳、抽象出管理的一些基本原理、原则和方法。这些原理、原则和方法较好地揭示了一系列具有普遍应用价值的管理规律，遵循这些管理规律办事，管理活动的效率就能大大提高，组织的目标就容易实现。

管理的艺术性是指灵活运用管理理论知识的技巧和诀窍。由于管理对象的复杂性和管理环境的多变性，决定了管理活动不可能有固定不变的模式，管理者应当结合所处的环境运用所掌握的管理理论知识。具体来说，管理的艺术性是由这样两个因素决定的：一是管理的环境；二是管理的主要对象——人。但人具有主观能动性和感情。人的主观能动性体现在人能够积极地思考，能够自主地作出行为决定，这不同于无生命的物质，并且人是有感情的动物。而感情的变化虽然有一定的规律可循，但也最琢磨不定，难以预料。不同的人对同样的管理方式、方法可能会产生截然不同的反应和行为，这决定了管理者只有根据具体的管理目的、管理环境与管理对象，运用管理理论知识与技能去解决所遇到的各种实际问题，管理才可能获得成功。

管理是科学性与艺术性的统一。管理的科学性是管理艺术性的基础，管理需要科学的理论作指导，管理艺术性必然是在科学理论指导下体现的。离开了管理的科学性，艺术性就会变成简单的感觉与经验，就不能成为真正的艺术，就很难实现有效管理。管理的艺术性是管理科学性的升华，离开了管理的艺术性，科学性就会变成僵化的书本教条，也难以发挥其作用。因为，管理理论是对大量的管理实践活动所做的一般性的概括和抽象，具有较高的原则性，而每一项具体的管理活动都是在特定的环境和条件下展开的，具有相对的特殊性。只有灵活运用管理知识，才能让理论服务于实践。

（三）管理的任务、原则

管理者的任务就是通过合理规划、组织、领导和控制，以最小的资源投入实现最大的产出，或者在已有资源的基础上实现最大的目标。这意味着管理者必须能够对各种资源进行有效的管理和利用，包括人力、物力、财力、时间等，以确保组织的顺利运转和实现目标。此外，管理还注重协调和整合各个方面的资源，以实现最大的效益和可持续发展。

管理的基本原则就是要以最少的支出获得最大的效益，确保资源的有效利用，以实现组织的成功和可持续发展。这需要管理者具备精细的管理技能和深厚的管理知识，能够对各种资源进行有效的配置和管理，以确保组织的稳定性和发展潜力。同时，管理也需要注重创新和灵活性，以适应不断变化的市场和社会环境，确保组织的长期发展和成功。

二、基本管理技能

基本管理技能是餐饮经理在日常管理工作中必备的一系列技能，它们包括但不限于制订工作计划、进行有效授权、开展沟通等多个方面。这些技能在餐饮店的日常运营中扮演着至关重要的角色，帮助餐饮经理有序、高效地完成各项任务，提高整体运营效率。只有全面掌握并能够熟练运用这些基本管理技能，餐饮经理才能够有效地进行餐饮管理工作，确保餐厅的顺利运营并保持良好的发展势头。

（一）制订工作计划

1. 工作计划的格式

（1）计划的名称。

计划的名称包括计划名称和计划期限两个要素，通常是按照特定的格式进行书写，以使其清晰明了。例如，一个餐饮店可能会使用“[××餐饮店]__年__月工作计划”作为其计划名称，其中“××餐饮店”是该餐饮店的名称，而“__年__月”则是指该计划的期限，具体为某一年的某一月份。这种格式化的表达方式可以方便人们快速了解计划的名称和期限，从而更好地进行工作安排和计划管理。

（2）工作计划的具体要求。

工作计划需要明确具体的要求，以确保工作的顺利实施并达到预期目标。这些具体要求应该包括工作的目的和目标、工作的项目和任务、实施的具体步骤和措施等。通过对工作计划的详细描述，能够明确工作的方向和目标，了解所需资源和人力，并制订切实可行的实施方案。这样，就可以明确为什么做这项工作，需要做什么，如何去做以及最终需要达到什么程度或效果。这些具体要求也是为了确保每个工作项目能得到充分考虑，从而有助于实现整体工作计划的顺利推进并达到预期目标。因此，在制订和实施工作计划时，必须明确具体要求并不断完善和调整这些要求，以确保工作的有效实施。

（3）制订计划的日期。

通过选择正确的日期，可以更有效地管理时间和分配任务，从而确保计划朝着设定的目标顺利推进。在决定计划日期时，有许多因素需要考虑。因此，在选择计划日期时，务必权衡这些因素，并选择最符合要求的日期。人们对于制订计划的日期，会有各自的偏好。有些人可能倾向于在每个月初或季度开始时制订计划，以便更好地跟踪进度并实现目标。而另一些人则会选择在特定的日期制定计划，如节假日或周末，以便有更多的时间和精力来专注于计划的实施。无论你选择哪个日期，务必确保留有足够的时间和资源来执行计划，并保持一定的灵活性和适应性，以应对可能出现的意外情况或计划调整。

2. 工作计划的内容

餐饮经理的工作计划内容可用“5W1H”来概括，如图 2-1 所示。

做什么 What	明确工作内容及相关要求。例如，餐饮店人才招聘计划要明确招聘的职位、人数及对应聘人员基本素质与技能方面的要求等，以提高招聘的效率
为什么做 Why	明确制订工作计划的目的并论证其可行性
何时做 When	规定工作计划中各项任务的起止时间，以便进行有效控制
何地做 Where	规定工作计划的实施地点或场所，餐饮经理要了解工作计划实施的环境以便做出合理的安排
谁去做 Who	餐饮经理在工作计划中要明确规定每个阶段的责任部门和协助配合的部门、责任人和协作人，同时也要规定由哪些部门和哪些人员实施工作计划
如何做 How	餐饮经理要明确工作计划的执行、流程以及相应的政策支持，对资源进行合理调配，并对各种派生计划进行综合平衡等。实际上，一个完整的工作计划应包括各项控制标准及考核指标等内容。也就是说，餐饮经理要告诉计划执行部门及人员怎么做、达到什么水平才算完成了工作计划

图 2-1　5W1H

3. 制订工作计划的步骤

在制订餐饮工作计划的过程中，需要遵循一系列严谨而细致的步骤。以下是步骤的详细内容：

（1）餐饮经理应深入学习和研究相关的法律法规和政策，以确保计划的合法性和合规性。

（2）餐饮经理应深入了解和分析本店的实际情况，以作为制定工作计划的基础。

（3）根据本店的实际情况，餐饮经理需要明确工作方针、制订工作任务、确立工作要求，并确定实施方法和措施。

（4）考虑到可能出现的偏差、问题和困难，餐饮经理应设定相应的解决方案和措施，以避免工作陷入被动。

（5）为了确保工作的顺利进行，餐饮经理需要根据工作需要对相关人员进行明确的分工。

（6）在完成工作计划草案后，餐饮经理应组织全体餐饮部人员进行讨论，以确保计划的可行性和有效性。

（7）在整个执行过程中，餐饮经理需要不断地对计划进行评估和检查，以确保计划的顺利实施。

（8）餐饮经理应保持与员工的紧密沟通，及时了解他们在执行过程中遇到的困难和问题，并提供必要的支持和指导。

（9）餐饮经理还应定期对工作计划进行回顾和总结，分析计划执行情况，找出存在的问题和不足，并及时进行调整。

（10）通过不断地调整和优化，餐饮经理可以确保工作计划能够更好地适应不断变化的经营环境和市场需求，从而提高企业的整体竞争力和盈利能力。

在实际执行过程中，餐饮经理需要不断修订、补充和完善工作计划，以确保其适应性和有效性。工作计划一旦经过正式批准，所有员工应严格执行，全力以赴地落实工作计划的各项要求。在执行过程中，餐饮经理需要不断地对计划进行调整，以使计划更加完善并与实际情况相适应。

总之，制订和执行餐饮工作计划需要餐饮经理具备严密的思维、敏锐的洞察力和良好的沟通能力。只有在充分了解实际情况、具备明确目标和有效措施的基础上，才能制订出高质量的工作计划，为企业的持续发展和成功奠定坚实的基础。

（二）下达指示和听取汇报

1. 正确下达指示

在下达指示时，餐饮经理应注意以下几个问题：

（1）餐饮经理应确保指示的准确性和清晰度。在传达指示时，应该使用简单明了的语言，避免使用过于专业或者复杂的术语，防止下属理解错误或者无法理解。同时，餐饮经理也应该向下属说明指示的目的和意义，以便下属能更好地理解和执行指示。

（2）餐饮经理应考虑采用多种方式下达指示。除口头通知外，还可以采用短信通知、电话通知、书面通知、托人通知等方式。在选择指示方式时，应考虑到下属的实际情况和需要，以便更好地传达指示。

（3）餐饮经理应向下属说明指示的注意事项和相应的奖惩机制。在向下属传达指示时，应该明确说明需要注意的事项和相应的奖惩机制，以便下属能更好地执行指示。

（4）餐饮经理应向下属询问相关问题，了解其对指示的理解程度和兴趣程度。在向下属传达指示之前，餐饮经理应该向下属询问与指示相关的问题，根据下属的回答，把握其对所谈话题的感兴趣程度、理解程度，之后再把自己的真实意图表达出来。

（5）如果需要更改指示，餐饮经理应该向下属说明更改指示的原因和必要性，以便下属能更好地理解和执行新的指示。相反，如果需要更改指示但不向下属说明更改指示的原因和必要性，容易引起下属的不满和反感，甚至导致其不执行新指示。

（6）为了确保指示得到正确执行，餐饮经理应该记录下达的指示及监督执行情况，可以定期检查下属的工作情况，了解其是否按照指示执行了任务。同时，也可以及时发现和纠正下属在执行指示中出现的问题和错误。

2. 听取下属汇报工作

餐饮经理在听取下属汇报工作时要注意以下事项：

（1）遵守时间。如果与下属已约定时间，应准时等候并做好相关准备工作。

（2）及时安排汇报者进门入座。

（3）善于倾听。当下属汇报工作时，可与之进行适当的目光交流，并配以点头等动作表示自己在认真聆听。

（4）善于提问。对汇报过程中不清楚的问题要及时提出来，并要求汇报者重复说明或进一步解释，也可以适当进行提问。

（5）不要做出不礼貌的行为。听下属汇报工作时不要有频繁看表、打哈欠、做其他事情等不礼貌的行为。要求下属结束汇报时可以通过委婉的语气告诉对方，不能粗暴打断。

（6）礼貌相送。下属告辞时，应起身相送。

（三）进行有效授权

1. 明确授权的要素

授权是指将分内的若干工作交给下属完成。授权行为包括工作指派、权力授予和责任担当三个要素，具体内容见表 2-1。

表 2-1 授权行为

要素	具体内容及注意事项
工作指派	餐饮部经理通常会指派工作任务，包括但不限于：制订菜单和食品供应计划；监督厨房和服务人员的工作；确保食品质量和卫生标准符合要求；管理库存和订购食材；安排员工轮班和休假；处理客户投诉和问题；协调团队合作；制订销售和营销策略；定期检查设备和设施维护。通过这些具体内容的指派，餐饮部经理能有效管理团队，提供优质的餐饮服务。餐饮经理在指派工作时，往往只告诉员工工作性质与工作范围，却未告诉员工其所要达到的工作绩效。对于餐饮经理分内的工作，有的可以指派给员工完成，有的则不可以。例如，目标的确立、政策的拟定、员工的考核与奖惩等工作都必须由餐饮经理完成
权力授予	餐饮经理授予的权力应以员工刚好能够完成指派的工作为限度。若授予的权力不及执行工作所需，指派给员工的工作将无法完成，会出现权力失衡。所以，餐饮经理必须对授予的权力进行必要的追踪、修正或收回
责任担当	餐饮经理向员工授权就意味着员工对餐饮经理承担了与权力对等的责任，这是员工的责任担当。另外，餐饮经理对所授权员工也有一种责任，即该员工无法完成工作或错误地执行了工作指令时，餐饮经理必须承担相应的责任

2. 避免踏入授权的误区

授权是一种可以让员工边做边学的在职训练，这有助于提高员工的归属感与成就感。许多餐饮经理因顾虑重重而不愿向员工授权，其主要原因见表 2-2。

表 2-2 餐饮经理不愿向员工授权的主要原因

原因	具体内容
担心员工做错事	餐饮经理担心员工做错事是因为对员工缺乏信心。每个人都会做错事，如果餐饮经理能适当训练与培养员工，则员工做错事的可能性就会减少。授权是一种在职训练，餐饮经理不能因怕员工做错事而不进行授权
担心员工工作表现太优秀	餐饮经理因担心员工工作表现太优秀而超越自己，所以不愿授权。但是从另一个角度来看，员工优秀的工作表现可以反映出餐饮经理的知人善任与领导有方
担心失去对员工的管控	只有领导力弱的餐饮经理在授权之后才会失去对员工的管理。如果餐饮经理在授权时能划定明确的授权范围、注意权责相当，并建立追踪机制，就不用担心失去对员工的管控了
不愿交出得心应手的工作	基于惯性或惰性，许多餐饮经理不愿将得心应手的工作授权给员工做。另外，有许多餐饮经理以自己做比员工做更省事为由而不愿授权
找不到合适的员工授权	“找不到合适的员工授权”常被一些餐饮经理当作不愿授权的借口。每位员工都具有可塑性，均可通过授权予以塑造

3. 掌握必要的授权方法

授权员工工作的步骤包括做出授权决定、简明交代情况和跟踪了解，餐饮经理要对每一步可能出现的情况进行预测。在授权员工工作之前，餐饮经理需要仔细考虑授权的对象和目标，确保员工有能力胜任该项任务并且能明确自己的期望。同时，餐饮经理需要将任务的具体内容、时间表、资源分配等信息向员工清楚地说明，以便员工能够更好地理解自己的职责和任务。在员工开始执行任务之后，餐饮经理需要密切跟踪了解进展和情况，以便及时发现和解决问题。此外，餐饮经理需要对可能出现的风险和障碍进行预测和应对，以确保任务能够顺利完成。

授权步骤如下：

（1）作出授权决定。授权是一种有意识的企业决策，可以带来许多回报。通过授权，员工可以获得信任和激励，从而更加积极地投入到工作中。当员工掌握某项技能后，他们可以更加高效地完成工作任务，不必重复交代就能自主处理相关事务。作为餐饮经理，应该根据每项工作的性质和要求，将其授权给具备相应专业技能和知识的员工去完成，从而确保工作的高效完成。

（2）简明交代情况。在进行授权之前，餐饮经理需要确保已向员工清楚地交代任务的目标、工作内容、时间要求以及质量标准。这有助于确保员工完全明白餐饮经理的意图，避免出现误解或混淆的情况。在交代工作时，尽量使用简单明了的语言，避免使用过于复杂的术语或行业用语，以确保员工能够轻松理解任务的要求。

（3）跟踪了解。在员工开始执行任务后，餐饮经理需要定期跟踪了解工作的进展情况，并给予必要的支持和指导。这有助于确保员工按照要求完成工作任务，并在遇到困难时提供及时的帮助。通过跟踪了解，餐饮经理还可以对工作进度进行把控，及时发现并解决潜在问题，确保工作能按时完成并达到预期的质量标准。同时，这也是一个重要的反馈机制，可以激励员工更加努力地工作，提高工作的效率和质量。

总之，授权是一项重要的管理技能，对于提高企业运营效率和员工的工作积极性具有积极的作用。作为餐饮经理，应该学会恰当地运用授权技巧，以提高企业的整体运营水平。

当餐饮经理授权员工工作时，除要交代清楚工作内容之外，还必须提供顺利完成该项工作所需的必要信息。同时，餐饮经理还应与员工讨论可能遇到的困难及解决方法。

（四）团队管理技能

1. 团队建设的措施

餐饮经理应采取以下措施开展团队建设：

（1）珍惜人才。人才是企业最宝贵的资源，那些热忱投入、出色完成本职工作的员工是企业最宝贵的资源和资本。

（2）尊重人才。为优秀的人才营造和谐、富有激情的工作环境，这也是经理、部门主管工作的核心和重点。

（3）尊重每一个员工的个性。尊重员工的个人意愿及选择权，为员工提供良好的工作环境，营造和谐的工作氛围，倡导简单、真诚的人际关系。

（4）培养自己的管理团队。持续培养专业的、富有激情和创造力的团队，让团队中的每一个人都成长为全面发展、能独当一面的综合型人才。

（5）倡导健康的人生。鼓励所有的员工追求身心健康、家庭和谐，以及丰富的生活。

（6）鼓励各种形式的沟通。提倡信息共享，帮助每一位员工以空杯心态培养学习能力，迅速提升各方面的技能和综合素质。

2. 团队管理的基本要点

团队管理的基本要点见表 2-3。

表 2-3 团队管理的基本要点

要点	基本内容
制定规章制度	规章制度包含很多内容，如纪律条例、组织条例、财务条例、保密条例和奖惩制度等。规范的规章制度能让执行者自觉履行，而不觉得规章制度是一种约束
设定明确目标	餐饮经理应为团队设定明确的目标，设定目标时要注意以下三个事项： （1）要设定具体、可衡量的目标。 （2）设定完成目标的最后期限，目标要具有挑战性和可行性。 （3）设定团队目标时要考虑每位成员的个人目标
提供相关信息	员工在工作中难免会遇到信息不充分的情况，这就要求餐饮经理能及时提供相关的信息。例如，餐饮经理可以让某个部门的员工了解其他部门的工作程序，以使这个部门的员工在工作中遇到需要其他部门协助时知道该如何去做
营造积极进取、团结向上的工作氛围	为营造积极进取，团结向上的工作氛围，餐饮经理需要注意以下三个事项： （1）奖罚分明。对于工作业绩突出者给予精神及物质鼓励，对于工作落后者给予相应的惩罚。 （2）让每位团队成员承担一定的职责。 （3）在生活中多关心团队成员，让大家都能感受到团队的温暖
沟通顺畅	由于团队中每个人的知识和能力不同，对同一问题的认识也会有所不同，所以顺畅的沟通是解决很多问题的“金钥匙”

（五）日常沟通管理

1. 常见的沟通方式

常见的沟通方式及其内容见表 2-4。

表 2-4 常见的沟通方式

沟通方式	具体内容
文字	通过报告、备忘录、信函、短信等形式进行沟通。沟通原则如下： （1）文字要简洁，尽可能使用通俗易懂的语言文字。 （2）如果内容较多，应增加目录或摘要。 （3）合理组织内容，一般将重要的信息放在最前面。 （4）设置清楚、明确的标题
口头	面对面进行沟通。采用口头方式沟通时，沟通者吐字要清晰
肢体语言	主要包括眼神交流、面部表情、手势、姿势和其他肢体语言等

2. 常见的沟通障碍

常见的沟通障碍来源于传送方、传送渠道及接收方，具体内容见表 2-5。

表 2-5 常见的沟通障碍

障碍来源	具体说明
传送方	（1）用词错误，词不达意。 （2）咬文嚼字。 （3）不善言辞，说话不清晰。 （4）不给他人说话的机会。 （5）态度不端正。 （6）不能随机应变
传送渠道	（1）经他人转达而引起误会。 （2）环境选择不当。 （3）沟通时机不当。 （4）有人蓄意破坏、挑衅
接收方	（1）没有听清楚。 （2）只听自己感兴趣的内容。 （3）偏见。 （4）光环效应（以偏概全）。 （5）情绪不好。 （6）听不懂言外之意

3. 达成沟通共识

餐饮经理与员工沟通时应达成以下共识：

（1）鼓励员工提出有利于企业发展的建议，一方面餐饮经理可以倾听员工内心真正的声音；另一方面即使员工对企业政策有不满，只要他们愿意说出来，餐饮经理就可以向他们作出解释。

（2）先耐心倾听，再适时提出个人见解。

（3）与员工沟通时不能表露出不良情绪（非理性情绪）。

4. 做好向上沟通工作

餐饮经理要做好与上级之间的沟通工作，需要做到以下几点：

（1）不要给上级出“问答题”，尽量出“选择题”。

（2）找准时机。

（3）事先准备好答案或解决方案。如果没有准备好备选答案，结果很可能是：一是领导认为你办事不力；二是领导需要通过进一步分析才能得出结论。

5. 做好水平沟通工作

水平沟通是指同级人员之间的沟通。水平沟通的注意事项如图 2-2 所示。

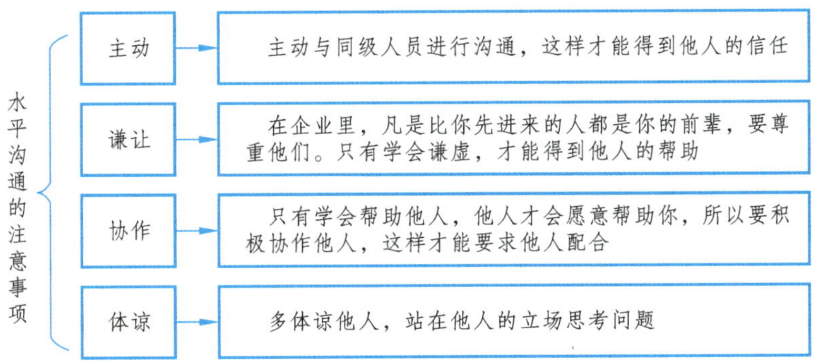

图 2-2　水平沟通的注意事项

6. 做好向下沟通工作

餐饮经理要想与员工进行更有效的沟通，就要做到以下三点：

（1）多了解状况。

（2）不要责备下属。下属在工作中难免会出错，这时不能一味地责备下属，而是应当与下属一起找到出错的原因并帮助他改正，这样才能提高下属的工作能力。

（3）提供方法，紧盯过程。与下属沟通时，重要的是提供方法并紧盯过程。

三、自我管理技能

除了要具备基本的管理技能外，餐饮经理还需要掌握一系列的自我管理技能。这些自我管理技能主要包括个人形象自检和自我反思两个方面。

一方面，通过个人形象自检，餐饮经理可以确保自己的个人形象始终保持良好状态，例如注意自己的穿着、言谈举止、卫生习惯等方面，从而给员工和顾客留下一个积极、专业、整洁的印象。这种良好的个人形象不仅能够提升餐饮经理的职业形象和信誉，还有助于增强团队士气和员工的工作积极性。

另一方面，自我反思是餐饮经理自我管理技能中更为重要的一部分。通过自我反思，餐饮经理可以深入了解自己的工作表现和失误，以便及时发现并纠正问题。这种自我反思不仅可以帮助餐饮经理避免重复犯错，还可以促使他们更加积极主动地去学习和提高自己的管理能力。同时，自我反思还可以帮助餐饮经理更好地了解自己的工作特点和优势，从而更好地发挥自己的长处并克服自己的短处。

（一）个人形象自检

1. 男士形象自检

男士形象自检的具体内容见表 2-6。

表 2-6　男士形象自检的具体内容

项目	检查标准	检查结果
头发	（1）发型大方。 （2）头发干净、整洁，长短适宜。 （3）无异味，无头屑，无过多的发胶、发乳。 （4）额前头发不能住眼睛。 （5）鬓角修剪整齐	
面部	（1）胡须清理干净。 （2）鼻毛不外露。 （3）脸部清洁。 （4）牙齿干净。 （5）耳朵干净	
手	（1）干净、整洁、无异味。 （2）指甲已修剪	
外套	（1）与工作环境相匹配。 （2）外套上无脱落的头发、头皮屑，无灰尘、油渍、汗渍。 （3）衣袋平整	
衬衫	（1）领口整洁，纽扣已扣好。 （2）袖口清洁，长短适宜。 （3）领带平整、端正	
裤子	（1）烫平整。 （2）裤缝折痕清晰。 （3）裤长及鞋面。 （4）拉链结实。 （5）无污垢、斑点	
袜	（1）袜子干净，每日换洗。 （2）袜子与衣服的颜色、款式协调	
鞋	（1）已上油。 （2）鞋后跟未因磨损而变形。 （3）鞋与衣服的颜色、款式协调	
其他	（1）面带微笑。 （2）精神饱满	

2. 女士形象自检

女士形象自检的具体内容见表 2-7。

表 2-7　女士形象自检的具体内容

项目	检查标准	自检结果
头发	（1）发型大方。 （2）头发干净、整洁，无过多发胶。 （3）额前头发不能遮住眼睛。 （4）头上饰品佩戴合适	
面部	（1）化淡妆。 （2）口红、眼影合适。 （3）脸部清洁。 （4）牙齿干净。 （5）耳朵干净	
手	（1）干净、整洁、无异味。 （2）指甲已修剪	
饰品	（1）饰品不夸张、不突出。 （2）款式简单、精致，材质优良。 （3）走动时，饰品无噪声，不妨碍工作	
外套	（1）与工作环境相匹配。 （2）外套上无脱落的头发、头皮屑，无灰尘、油渍、汗渍。 （3）衣袋平整	
衬衫	（1）领口整洁、纽扣已扣好。 （2）袖口清洁，长短适宜。 （3）无明显的内衣轮廓痕迹	
裙子	（1）长短合适，松紧适宜。 （2）拉好拉链，裙缝位正。 （3）无污物、斑点	
长筒袜	（1）颜色合适。 （2）干净、整洁	
鞋	（1）干净。 （2）款式大方简洁，没有过多装饰与色彩。 （3）鞋跟高度适宜，走动时没有太大声响。 （4）鞋后跟未因磨损而变形。 （5）鞋与衣服的颜色、款式协调	
其他	（1）面带微笑。 （2）精神饱满	

餐饮经理应当以个人形象自检表为标准，每天进行严格的自我检查，并且也应要求所有员工都遵守这一规定。这种自检不仅是一种责任，也是一种对个人形象的重视。无论是对餐饮经理还是下属，个人形象都是至关重要的，它代表着整个企业的形象。因此，每个人都应该保持整洁、干净的形象，这是对工作的尊重，也是对客人的尊重。

（二）自我反思工作

1. 自我反思的内容

在日常工作中，餐饮经理应该经常进行深刻的自我反思。这是因为餐饮经理的主要工作职责是管理餐饮业务，这就要求他们必须经常与店内外的各级人员沟通交流，以协调和推动各项企业管理工作。由于工作性质的复杂性和多样性，在与他人进行交流的过程中，难免会出现意见分歧、沟通不畅等一系列问题。在这种情况下，餐饮经理进行自我反思，从自身找原因，不仅能及时纠正自己的错误，还能提高自身的管理水平和工作效率。同时，这也是餐饮经理具备高度责任感和自我完善精神的体现，对于提升企业的整体管理水平具有非常重要的意义。因此，餐饮经理应该时刻保持清醒的头脑，善于发现自己的不足并及时改进，努力提高自己的职业素养和管理能力。

2. 做好自我反思记录

餐饮经理应针对工作中出现的问题进行深刻反思，以提高管理水平。餐饮经理应每周进行一次全面的自我反思，将反思结果记录下来并找出解决方案。自我反思记录见表2-8。

表 2-8　自我反思记录

日期	内容	
	个人问题	解决方案
星期一		
星期二		
星期三		
星期四		
星期五		
星期六		
星期日		

3. 自我反思的推广和运用

餐饮经理需要具备强烈的自我反思意识，不断对工作中的问题进行深入思考，并采取有效的措施加以改进。他们需要将自我反思的结果详细记录下来，以便经常翻看回顾。这些记录应该包括各种经验和教训，例如菜品质量、服务质量、员工管理等各方面的问题。通过汲取这些经验和教训，餐饮经理可以更好地开展餐饮管理工作，避免重蹈覆辙，提高整体管理水平。

同时，餐饮经理还需要将自我反思的方法在部门内部进行推广。他们可以组织员工参加培训和研讨会，鼓励员工经常进行自我反思，并要求下属也积极参与到这一过程中来。通过这种方式，餐饮经理可以促进整个部门共同进步，提高整个团队的综合素质和管理水平。同时，餐饮经理还可以根据员工的反馈和意见，不断完善自我反思的方法和技巧，提高管理的水平和效果。

任务实施与评价

任务一　认识餐饮管理

一、任务实施

餐饮管理案例分析的任务实施步骤见表 2-9。

表 2-9　餐饮管理案例分析

任务一　餐饮管理案例分析	
任务步骤	任务描述
搜寻资料	从红餐网（http: //www.canyin88.com）展开学习，搜集餐饮企业管理案例
观察记录	根据所观察结果与所学知识完成任务工单
经验分析	结合生活经验完成任务工单

二、学生工作页

（1）分成 4 个小组通过网络资料学习分析，选取感兴趣的餐饮企业管理案例。结合日常生活经验完成对餐饮管理案例知识的梳理和分析。

（2）学生任务单见表 2-10。

表 2-10　餐饮企业日常工作流程（学生任务单）

任务一　餐饮企业日常工作流程			
班级		姓名	
案例："海底捞"的一名普通员工可以决定是否能够给客人进行免单或加菜等各项决定权。店长、领班、员工之间的财务决定权非常明确，这就是企业管理方式的精明之处。请结合本模块内容谈一谈餐饮企业管理中"赋权"的意义以及利与弊。		学生回答：	
请在空白处简单归纳你搜集到的餐饮企业管理案例，并试着分析其中体现的管理学知识，分享你的收获：			

续表

任务二 模拟形象自检

一、任务实施

模拟形象自检的任务实施步骤见表 2-11。

表 2-11 模拟形象自检

任务二 模拟形象自检	
任务步骤	任务描述
熟悉标准	根据本模块给出的男士、女士形象自检标准表，熟悉各项内容以及标准
自检	根据表格中的要求对自己今天的发型、面部整洁、服装等进行自检
互检	以同桌/组员为对象，为对方进行形象检查，并对比自己检查的结果和对方为你检查给出的结果，如果存在差异试着思考差异来源

二、学生工作页

（1）根据男士、女士自检表进行形象检查。

（2）学生任务单见表 2-12 和表 2-13。

表 2-12　模拟形象自检表（学生任务单）

任务二　模拟形象自检表			
班级		姓名	
项目	检查标准	检查结果	

表 2-13　模拟形象互检表（学生任务单）

任务二　模拟形象互检表			
班级		姓名（检查者填写）	
项目	检查标准	检查结果	

模块三

营销促销

>>>>>>>>>>>>

知识要求

1. 掌握餐饮大数据的应用。
2. 掌握餐饮微信营销。
3. 掌握其他餐饮的营销方式。
4. 掌握餐饮促销方式及特点。

技能要求

1. 学会使用餐饮大数据评估方式。
2. 能使用微信众多功能进行餐饮营销。
3. 学会餐饮促销方案撰写。
4. 学会餐饮促销效果评估。

素质要求

1. 具备良好的职业道德素养和社会责任感。
2. 具备精益求精、吃苦耐劳的工匠精神。
3. 具备艰苦奋斗、勇于创新的劳动精神。
4. 具备餐饮服务人员的综合素质和职业素养。

知识准备

互联网、大数据、O2O（Online To Offline，线上到线下）、微信、APP 等现代科技和社交媒体平台的出现，不仅深入地改变了人们的生活方式，也极大地影响了各个行业的发展。这些变化不仅限于我们所熟知的互联网行业，而且波及了社会经济中的各个领域。因此，传统餐饮业也必须紧跟时代的步伐，适应这种全新的商业环境。

在当前的互联网时代，大数据技术正在发挥着越来越重要的作用。通过收集和分析大量的用户数据，企业可以更好地了解消费者的需求和行为，从而提供更加精准的产品和服务。同样，O2O（线上到线下）模式也成为了餐饮业的一个重要趋势。这种模式使得消费者可以在线上下单，线下取餐，为消费者提供更加便捷的购物体验。

微信作为中国最受欢迎的社交媒体平台之一，已经成为人们日常生活中不可或缺的一部分。它不仅改变了人们的沟通方式，也为餐饮业提供了新的营销手段。许多餐饮企业通过微信小程序、公众号等方式进行宣传和推广，使得营销更加精准和高效。此外，APP 也成了餐饮企业展示品牌形象、提供订餐服务以及进行客户管理的重要工具。

这些变化对于餐饮经理来说，也提出了新的挑战和要求。他们必须紧跟时代的发展，学习新的餐饮运营模式和营销模式。这不仅需要掌握新的技能和知识，还需要对市场变化保持敏锐的洞察力，及时调整经营策略，以适应不断变化的市场需求。只有不断进取、勇于创新，才能在竞争激烈的市场中立于不败之地。因此，对于传统餐饮业来说，只有学会拥抱变革，才能在未来市场中获得一席之地。

一、餐饮大数据运用

（一）餐饮大数据包含的内容

人们每天在微博、微信以及其他网络平台分享各种文本、照片、视频、音频等数据信息，而这些信息可能就包括餐饮店的信息、顾客个人信息、行业资讯、菜品食用体验、菜品浏览记录、菜品成交记录、菜品浏览动态等，如图 3-1 所示。这些信息就形成了餐饮行业的大数据，通过对这些数据进行分析可以得到餐饮行业的市场需求、竞争信息等。

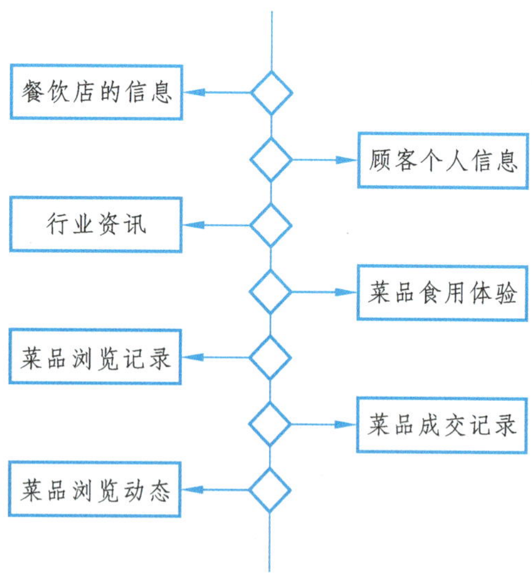

图 3-1　餐饮大数据包含的内容

（二）餐饮大数据的采集与分析

餐饮企业的有效营销离不开对大数据的采集与分析。通过对大数据的采集与分析，餐饮企业可以更好地了解客户需求和行为特征，制订出更有针对性的营销策略，提高营销效果和客户满意度。大数据的采集与分析主要包括以下两个方面，如图 3-2 所示。

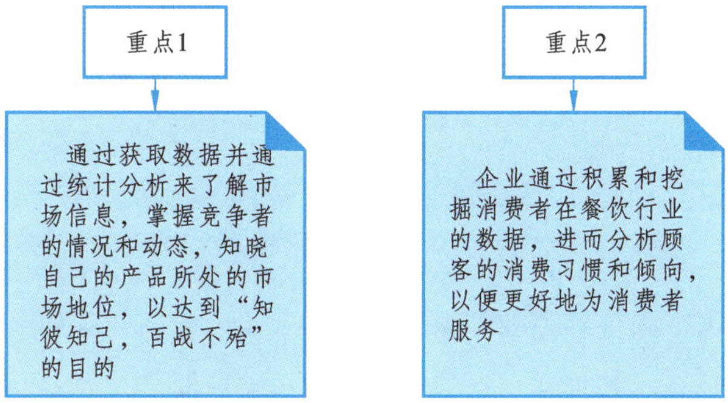

图 3-2　大数据的采集与分析

餐饮企业要想应用大数据，完善数据采集体系则是第一步。大数据采集有以下三个要点，如图 3-3 所示。

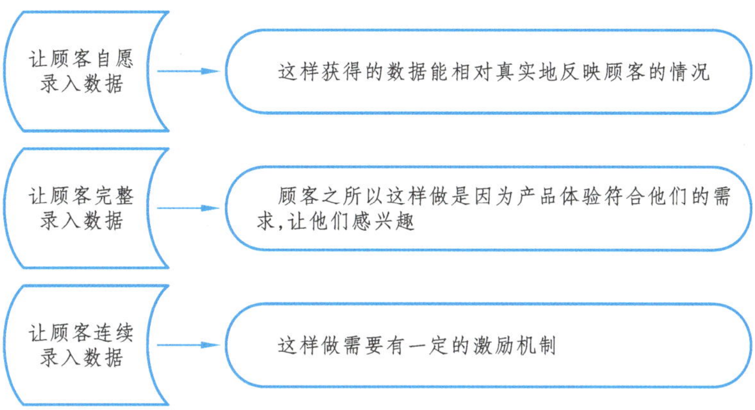

图 3-3　大数据采集的三个要点

（三）餐饮大数据营销三要素

在餐饮营销中，首先需要明确三个核心要素，以确保营销活动的成功和有效性。这三个要素包括时间、受众和内容。

对于时间要素，餐饮营销需要选择正确的时间进行推广和宣传。例如，假期、周末或特定的节日等高峰时段是吸引顾客的绝佳时机。此外，针对特定的餐饮企业，还需要根据其经营特点和客流量情况，选择最合适的营销时间。

对于受众要素，餐饮营销需要精准定位目标客户群体。不同的客户群体有不同的消费习惯、口味偏好和需求特点，因此需要通过市场调研和分析来确定目标客户群体的特征。同时，还需要了解他们的需求和期望，以制订更具针对性的营销策略。

对于内容要素，餐饮营销需要设计有针对性的营销内容。这需要根据目标客户群体的需求和偏好，结合餐饮企业的特点和优势，制订具体的营销策略和方案。例如，可以通过推出特色菜品、打折优惠、赠送礼品等方式来吸引顾客。同时，还可以通过举办主题活动、推出创意菜品等方式来增加品牌知名度和美誉度，具体如图 3-4 所示。

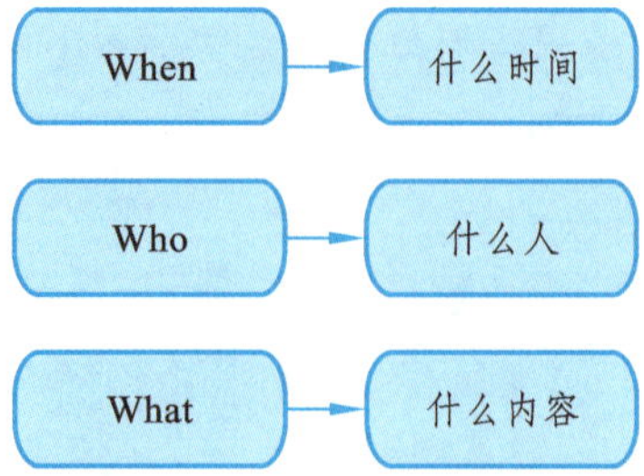

图 3-4　餐饮大数据营销三要素

也就是说，餐饮大数据营销首先要把大数据的内容与这三个要素对应上，大数据的应用要提供一种日常化、数据化、自动化的营销方式。餐饮经理应该明确营销方式和优惠活动是如何绑定和完成的。

（四）大数据助力精准市场定位

成功的品牌离不开精准的市场定位，而基于大数据的市场分析和调研是企业进行品牌定位的第一步。餐饮企业要想在竞争越来越激烈的市场中立足，就需要做到以下几方面，如图 3-5 所示。

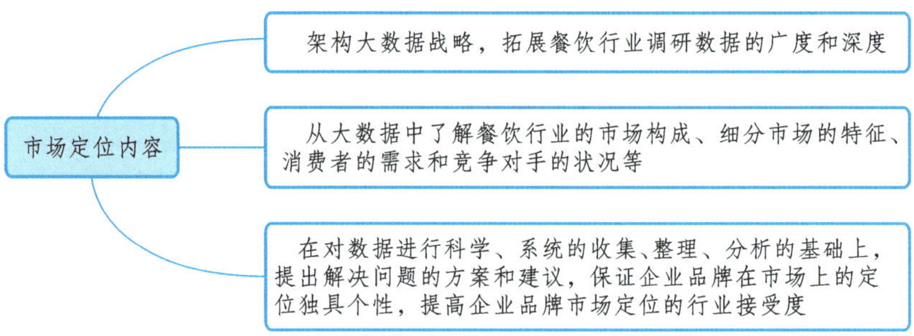

图 3-5　市场定位内容

餐饮企业要想进入或开拓某一区域的市场，需要先进行项目评估和可行性分析，只有这样才能知道是否适合进入或开拓这一区域。在这一过程中，需要对餐饮行业的大数据进行分析，分析的过程也是餐饮企业对自身重新定位的过程。

（五）大数据支撑收益管理

近年来，收益管理受到餐饮行业人士的普遍关注。收益管理主要通过建立实时预测模型和以市场细分为基础的需求行为进行分析，确定最佳的销售或服务价格，最终实现餐饮店收益最大化。要达到收益管理的目标，需求预测、细分市场和敏感度分析是其中的三个重要环节，而推进这三个环节的就是大数据，如图 3-6 所示。

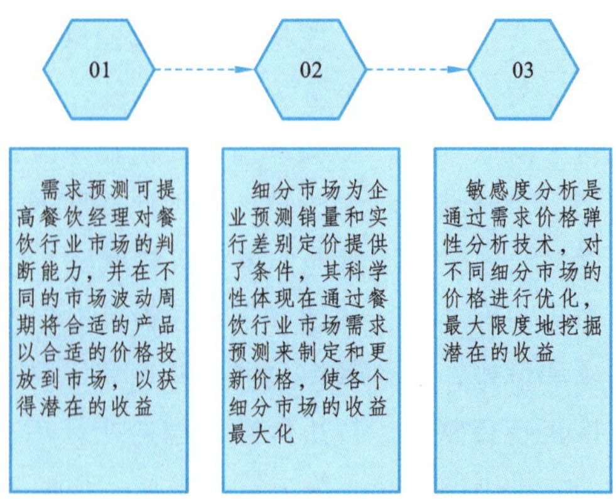

图 3-6　需求预测、细分市场和敏感度分析

需求预测、细分市场和敏感度分析要求有大量的数据，如果餐饮企业在实施收益管理的过程中能在自有数据的基础上，利用一些自动化信息采集软件来收集更多的餐饮行业数据和信息，就能制订出有效的收益策略，进而获得更高的收益。

（六）大数据创新需求开发

随着论坛、博客、微博、微信、电商平台、点评网等在个人电脑端和移动设备端的广泛出现和发展，信息的分享和传播变得比以往任何时候都更加便捷和自由。这种自由、开放的分享氛围极大地激发了公众的积极性，驱使他们主动地分享各种信息和观点，从而形成了网络评论这一新型的舆论形式。网络评论的交互性和多样性不仅构成了海量的数据，也形成了强大的社会影响力。

这些大量的网络评论数据形成了一个巨大的数据库，其中蕴藏着巨大的价值。餐饮经理需要认识到这些数据的重要性，并对此加以重视。通过收集和分析这些关于餐饮行业的评论数据，餐饮经理可以更深入地了解消费者的消费习惯和倾向，洞悉消费者的真实需求以及产品质量问题。

具体来说，通过运用高级的数据分析工具和方法，餐饮经理可以分词、聚类、情感分析这些评论数据，以此来获取消费者的消费习惯和倾向的各种信息。这些信息可以帮助他们了解消费者对现有产品的满意度，发现潜在的产品需求，甚至可以预测消费者对某种新产品的接受程度。

此外，通过情感分析，餐饮经理可以了解消费者对产品和服务的真实感受和态度。这不仅可以帮助他们发现产品和服务中存在的问题，还可以为他们提供改进产品和服务质量的宝贵建议。

基于这些数据分析的结果，餐饮经理可以改进和创新他们的产品，以更好地满足消费者的需求。他们可以通过量化产品价值的方式，设定更加合理的价格，同时提高他们的服务质量，从而获得更大的收益。

总的来说，随着网络评论的日益增多和大数据技术的不断发展，餐饮经理不能再忽视这些数据的重要性。通过充分利用这些数据，他们可以更好地理解消费者，改进和创新他们的产品，提高服务质量，最终实现更大的商业收益。

（七）利用大数据开展精准营销

1. 锁定核心消费人群

餐饮经理通过大数据技术分析，结合餐饮店的定位，锁定核心消费人群，针对核心消费人群制订营销策略。

2. 描绘消费人群的特征

餐饮经理通过分析大数据的人群画像，对消费人群的消费习惯、个性特质等进行系统分析，然后有针对性地推出营销方案。

3. 分析产品的受欢迎程度

餐饮经理可以利用大数据对菜品的受欢迎度进行分析，选择用户好评率高、点击率高、毛利率高的（三高）产品进行促销，及时淘汰差评、点击率低的菜品。

4. 防患未然，做预知性营销

大数据不仅能为餐饮店的当前营销提供参考，更能预知未来市场的发展趋势，因此餐饮经理可利用大数据分析做预知性营销。

总之，餐饮经理可以从互联网大数据中分析出餐饮企业需要针对什么样的人群进行营销，向目标消费人群推荐什么样的菜品成功率会更高，为目标消费人群策划怎样的优惠活动更恰当，在什么地段和时间段进行某种营销更有效，如何规避消费者的常见质疑与餐饮店会遇到的常见问题等。基于这些，实现精准营销就不再是难事。

二、餐饮微信营销

（一）餐饮微信精准定位

餐饮经理可以通过微信精准定位目标消费者，掌握他们的需求，熟悉他们的口味，具体如图 3-7 所示。

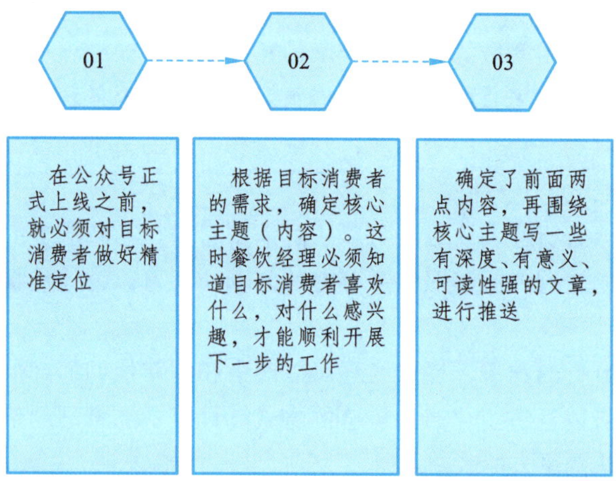

图 3-7　精准定位目标消费者

（二）微信营销内容推送

餐饮经理在自己的公众号上推送餐饮店的动态、美食、服务信息或打折优惠活动，这就像是餐饮店的海报，通过微信与用户沟通交流最新信息，不仅方便快捷，成本也低。

1. 内容原创

所推送的内容很重要，保证内容原创、不抄袭他人的内容也是微信营销的要点，坚持内容原创的重要性有三个方面（图 3-8）：只有原创的优质内容才有可能长久地留住读者及消费者；自己原创的文

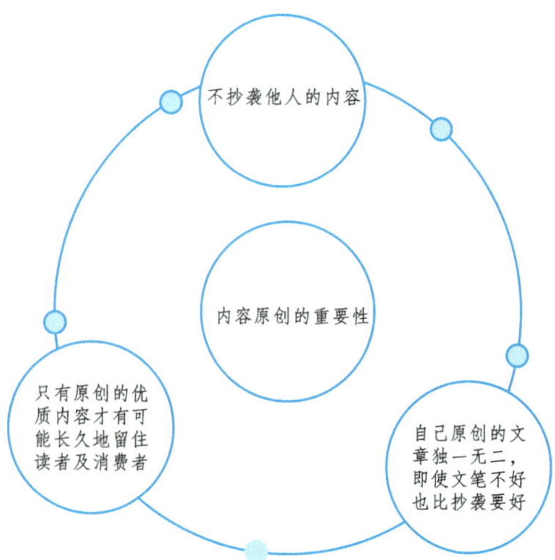

图 3-8　内容原创

章独一无二，即使文笔不好也比抄袭好；不抄袭他人的内容。

2. 控制推送频率

餐饮经理应严格把控微信营销推送的频率，文章数量适宜，还要把控好推送时间，具体要点如图 3-9 所示。

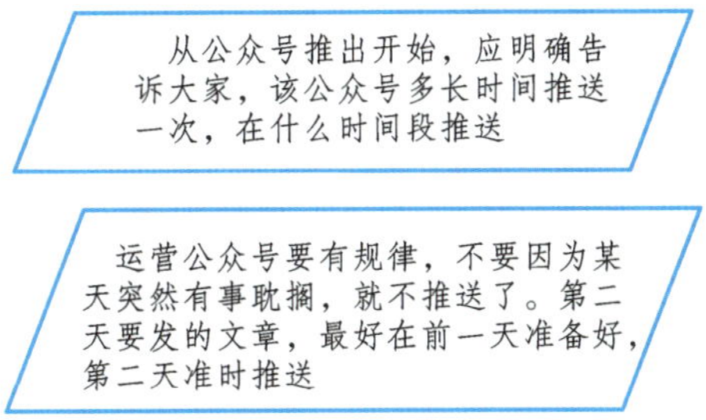

图 3-9　推送频率

（三）餐饮企业公众号的管理

1. 平台功能运用

在平台功能运用方面，一定要以方便消费者为原则，具体要点如图 3-10 所示。

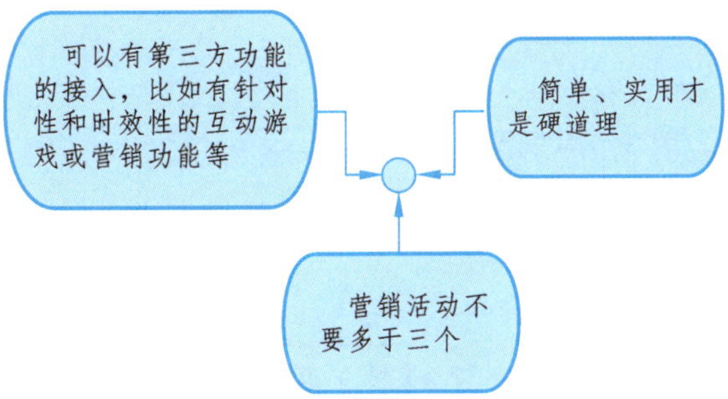

图 3-10　平台功能运用

2. 一对一互动

餐饮经理应增加公众号的一对一互动，提高解答问题的效率，其中有两个注意事项，如图 3-11 所示。

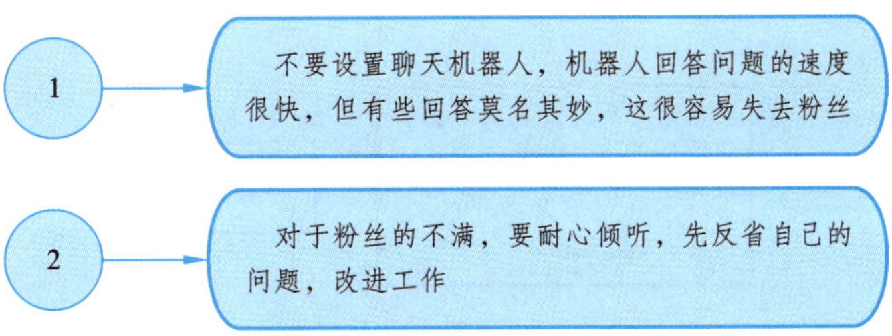

图 3-11　注意事项

（四）微信功能运用

1. 通过“附近的人”进行营销

微信中的功能插件“附近的人”可以使更多陌生人看到用户的信息，其作用如图 3-12

所示。

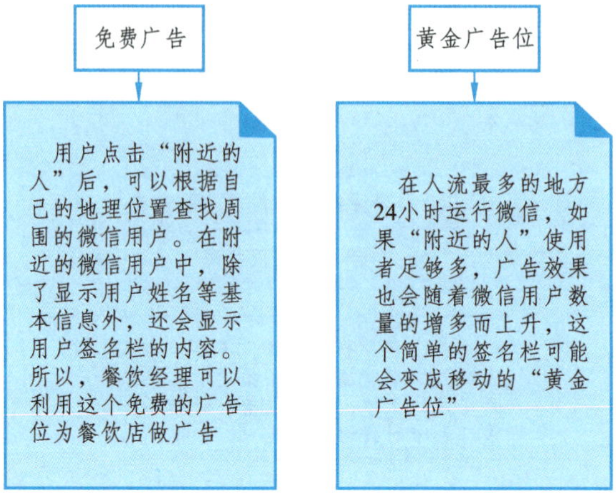

图 3-12　广告作用

餐饮经理首先要申请微信认证账号以提高微信账号的权威性和可信度，然后在个性签名中输入餐饮店的信息、打折优惠活动或能够吸引他人点击进入餐饮店微信主页的简短话语等（如菜系、特色菜品、优惠活动等），当微信用户查看“附近的人”时，首先就能看到这些信息。

2. 朋友圈特色美食分享

通过微信朋友圈营销的作用如图 3-13 所示。

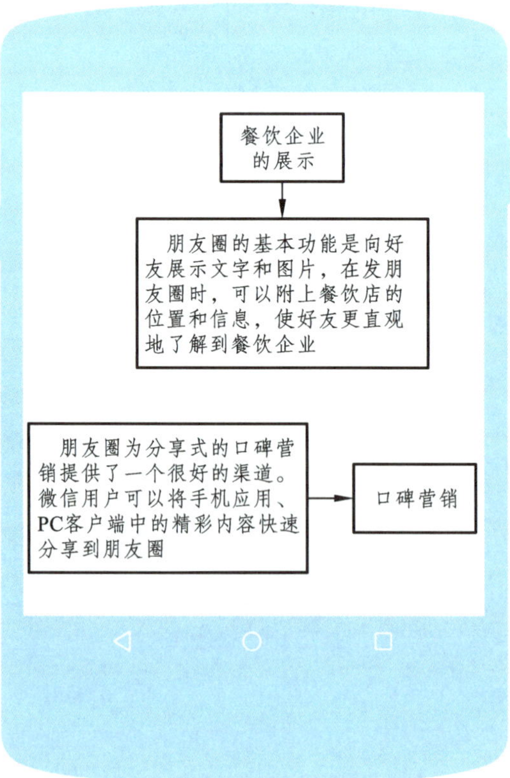

图 3-13　营销的作用

3. 餐饮店微信“摇一摇”活动模式

餐饮店通过微信“摇一摇”功能，为顾客提供了一个全新的互动体验。顾客可以在不同的时间段内，轻轻一摇手机，就有机会获得丰厚的奖品或者优惠券，这无疑对大家有着极大的吸引力。这种创新的营销方式，不仅提高了餐饮店的知名度和曝光率，也带动了顾客的参与度和消费热情。

通过精心设置的奖项，餐饮店得以激发顾客参与的兴趣和积极性。在参与“摇一摇”的同时，顾客也给餐饮店带来了更多的客流和消费机会。这种互动式的营销模式，实现了餐饮店与顾客的双向互动，增强了顾客的黏性和忠诚度。

微信“摇一摇”的便捷性和普及性，也为餐饮店的营销活动提供了极大的便利。无论是在店内还是在外卖服务中，顾客都可以随时参与摇一摇活动，这无疑增加了顾客的互动体验和回头率。同时，通过微信公众号，餐饮店可以更方便地进行消息推送和品牌宣传，更好地与顾客进行沟通和交流。

4. 构建自己的粉丝团发展达人经济

餐饮店可以通过运营人员的微信平台，将餐饮店的精彩信息介绍、优惠活动或餐饮品牌的推广软文分享到朋友圈中，推广内容支持网页链接方式打开。餐饮店通过及时更新和分享用户希望了解的信息，既可以赢得品牌口碑，吸引新用户关注餐饮店和产品，又可以增强用户的黏性。微信用户在没有关注该餐饮品牌或餐饮店公众号时，仍然能够通过朋友圈看到该餐饮店最新信息的链接，从而为餐饮店吸引新用户提供有效的通路。

微信庞大的用户群和随时随地在线的特点为餐饮店打开了一个新的客服窗口，即餐饮店微信客服（特别是 24 小时餐饮店）。餐饮店在进入微信的第一时间就要建立餐饮店的微信客服官方认证账号。利用微信全天、即时性等特性，提供咨询、优惠活动、菜品介绍、订餐服务等，提高用户的用餐体验和餐饮企业品牌的影响力。

5. 餐饮店“扫一扫”加会员

微信“扫一扫”是连接餐饮店官方微信和消费者的便捷通道。消费者只需用微信中的“扫一扫”功能扫描餐厅独有的二维码，就能获得一张存储于微信中的电子会员卡，可享受餐饮店提供的会员折扣、餐品信息、活动介绍和服务等。

6. 开通微信点餐

随着微信的广泛应用，微信点餐已逐渐代替了电话订餐。开通微信点餐需要以下三个步骤（见图 3-14）。

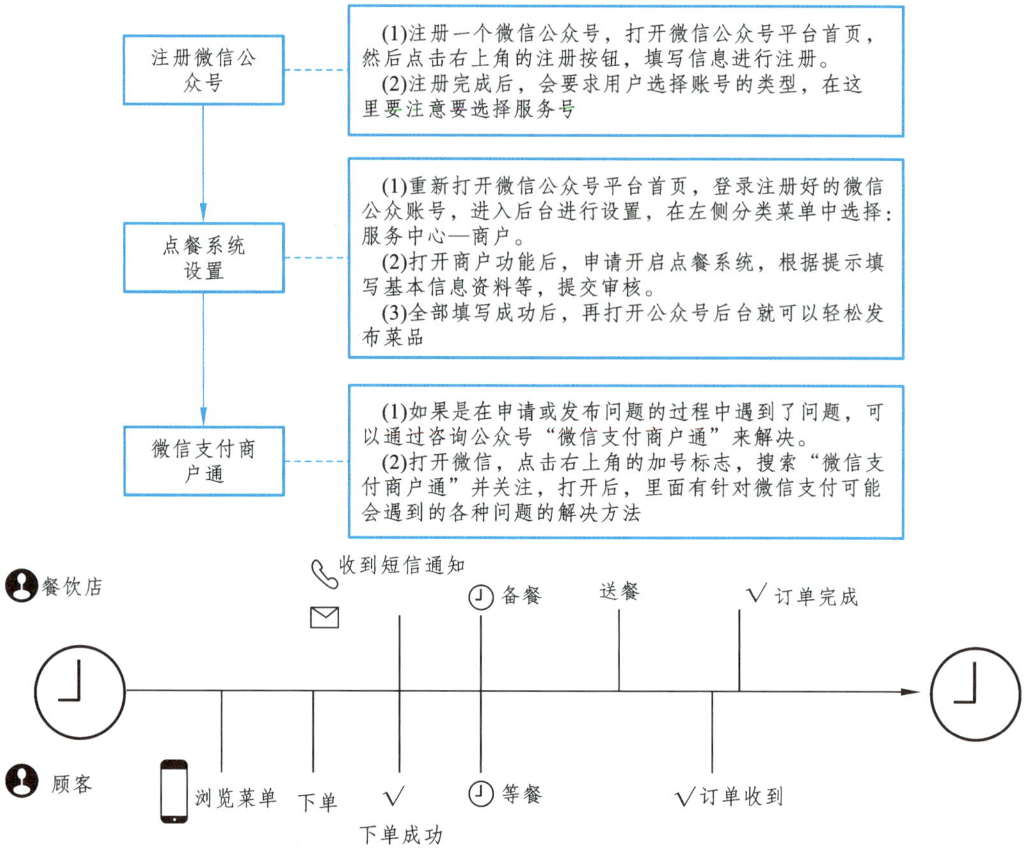

图 3-14　开通微信点餐步骤及微信点餐流程

三、餐饮企业团购营销

团购为餐饮业带来了全新的营销模式，这种模式在过去的几年中迅速崛起，成为许多餐厅和商家重要的推广手段。通过团购，餐饮业者能够有效地吸引更多的顾客，增加销售量，提升品牌知名度，拓展市场份额。

与此同时，团购也为广大的消费者带来了诸多好处。首先，团购为广大顾客提供了实实在在的优惠。在团购平台上，消费者可以找到各种打折的餐饮优惠券、代金券等，以更低的价格享受美食。此外，团购还提供了更为灵活的购买方式，消费者可以根据自己的需求自由选择购买的餐饮商品或服务，并享受送货上门的服务，从而带来更多的便利性。因此，团购不仅为餐饮业带来了新的营销模式，同时也给消费者带来了优惠和方便。

（一）网络团购

团购是一种集体购物的方式，它代表着一群消费者团结一心，通过联合起来增加与商家谈判的筹码，来获取最优价格的商品或服务。这种团购方式是基于薄利多销、量大价优的原则，商家为了能够吸引更多的消费者，给出低于零售价格的团购折扣以及独特的服务，以换取消费者数量的增加。如今，随着互联网的普及和电子商务的迅速发展，团购已经逐渐转向了网络团购，成为许多消费者喜爱的购物方式之一。

在互联网上，有许多知名的团购网站，例如百度糯米、美团网、聚划算、1 号店等。

这些网站提供了各种各样的商品和服务团购项目，包括美食、旅游、住宿、电影票、生活服务等，覆盖了消费者日常生活的各个方面。在这些团购网站上，消费者可以根据自己的需求选择不同的团购项目，享受优惠的价格和优质的服务。同时，商家也可以通过团购网站扩大销售渠道，增加销售额和客户群体，实现双赢的局面。因此，团购已经成为现代社会中不可或缺的一种购物方式。

（二）把握团购的时机与商机

什么类型的餐饮企业适合采用团购促销？餐饮企业应该在什么情况下采用团购促销？以下给出了几点建议，具体如图 3-15 所示。

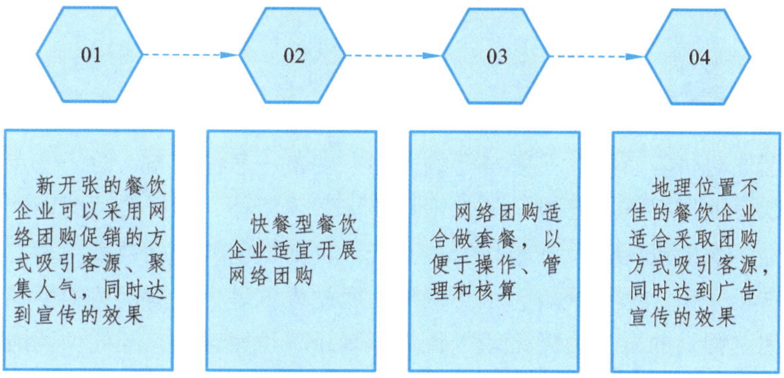

图 3-15　团购的时机与商机

（三）餐饮企业团购促销准备事项

餐饮企业在进行团购促销前需要做好各项准备工作，具体包括以下四项：

（1）明确团购目的。团购的目的不尽相同，有的是为了吸引客源，让利促销；有的为了薄利多销，赚取更多利润；有的是亏本促销，追求广告效应。餐饮企业一定要根据促销目的和自身的接待能力制订相应的促销方案，以明确促销产品的种类、价格及人数限额等。

（2）寻找合适的团购网站。选择团购网站时要考虑其品牌知名度、餐饮团购经验、网站定位、合作方式、分利模式和所能提供的支持性服务等。

（3）根据自身接待能力进行团购消费筹备工作，包括每日接待人数分流、服务人员培训、团购餐品备料、应急方案制订等。

（4）团购促销结束后，登录团购商家后台查询订单情况和团购券使用情况。在团购用户到店用餐时关注消费者的反馈意见，以达到利润和口碑的双赢，争取更多回头客和新客源的目的。

（四）确认团购合作方式

团购合作的方式主要有两种：一是团购网站主动出击，寻找有团购需求的商家；二是商家找到相应团购网站提出团购活动申请。下面主要介绍商家提出团购活动的流程，具体如图 3-16 所示。

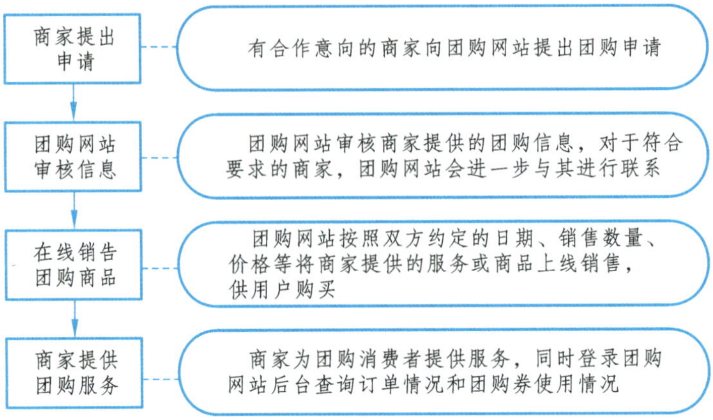

图 3-16 商家提出团购活动的流程

（五）选择适合的团购网站

除了把握住时机与商机，在哪些团购网站上发布、怎样发布、时间节点的控制等也很重要。餐饮企业要根据自己产品的特征和整体营销策略，选择合适的团购网站进行长期合作，建立多赢的模式，保证团购经久不衰。目前的团购网站越来越多，餐饮企业要选择那些在市场营销、组织经验、服务保障、网站人气等方面有优势的网站进行合作。实力雄厚的团购网站的宣传力度比较大，媒体曝光率也比较高，与此类团购网站合作，宣传效果会更明显。当然，餐饮企业在与团购网站合作时，一定要签订合同，以保护双方的合法权益。

（六）团购策划设计要有针对性

首先，增加团购的附加值，设计组合套餐，有一些餐饮店的新菜品在销售之前往往知名度不高，导致许多消费者不敢尝试，因此必须借助整合营销手段，把新菜品和知名菜品结合起来形成多种套餐。这样，不同菜品的相互组合将成为吸引消费者购买的一大特点。

其次，为满足不同消费者的选择，可以设计多样化的套餐，包括单人套餐、双人套餐、多人套餐、家庭套餐、商务套餐等。

（七）做好团购服务

餐饮团购投诉的类型主要有营业高峰预约困难，饭菜与订单不匹配，隐形消费，服务及菜品套餐缩水，不开发票等五个方面。

因此，餐饮店应该明确团购促销的目的不是为了短期销售，而是为了企业的品牌和形象。

如何借助网络团购的“东风”达到利润、品牌双赢的目的，而不是盲目追求人气，造成品质、服务下降，这些都是餐饮企业需要注意的问题。

四、餐饮企业 O2O 营销

O2O（线上到线下）是指将互联网与实体经济深度融合，通过线上商务机会引领线下实体经济的发展，实现线上线下的无缝衔接。这一概念自 2013 年起，在中国进入了高速发展阶段，各种基于互联网的 O2O 商业模式应运而生，如雨后春笋般崛起。这种商业模式通过互联网为消费者提供方便快捷的消费服务，也为商家提供了更广阔的市场和商机。

在这个发展过程中，餐饮行业也开始尝试采用 O2O 模式，逐渐实现了本土化的转变。通过线上订餐、外卖服务等方式，餐饮企业将服务拓展到了线上，为消费者提供了更加便捷的用餐体验。同时，这也为餐饮企业提供了更广阔的市场和商机，促进了餐饮行业的发展和壮大。

总的来说，O2O 模式的出现为中国的经济发展带来了积极的影响，促进了互联网与实体经济的融合，也为消费者和商家带来了更多的机遇和挑战。餐饮企业开展 O2O 营销主要有四种模式，如图 3-17 所示。

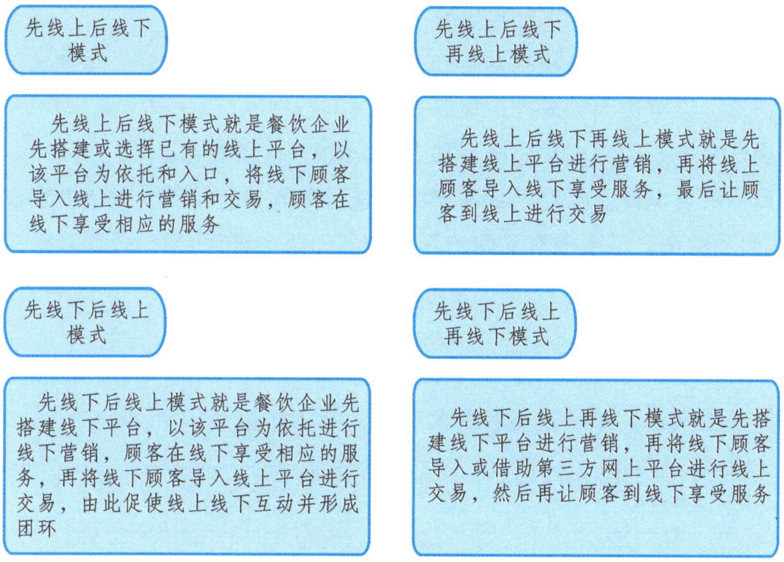

图 3-17　餐饮企业 O2O 模式

与传统的消费者在餐饮店直接消费的模式不同，O2O 模式的消费过程由线上和线下两部分组成。线上平台为消费者提供消费指南、优惠信息、便利服务（预订、在线支付、地图等）和分享平台，而餐饮企业在线下专注于为消费者提供服务。在 O2O 模式下，餐饮企业的布局可分为以下五个阶段，如图 3-18 所示。

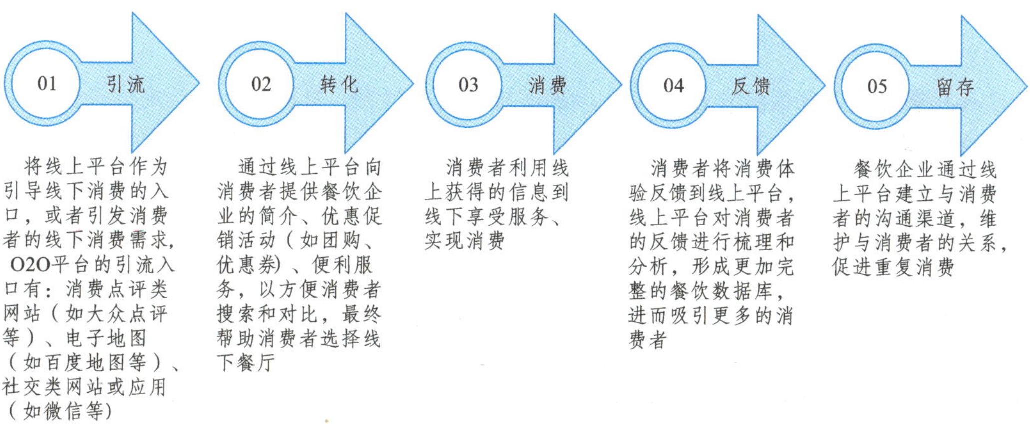

图 3-18　五个阶段

随着互联网的发展，O2O 平台数不胜数，根据其商业模式和运作类型的不同，可以分为以下十种类型：

（1）点评类。最早一批以本地餐饮信息分类为切入点的互联网企业，如大众点评等。

（2）团购类。以餐饮团购为切入点，如美团等。

（3）点餐服务类。以网上点餐为切入点，为用户提供线上点餐服务，商家自行配送，如饿了么等。

（4）第三方配送服务。以外卖配送为切入点，扮演搬运工角色，为餐饮店增加服务半径的同时节省人力成本，如点我吧外卖网、到家美食汇等。

（5）预订服务类。以订餐、订台等服务为切入点，提供便捷的到店服务，实则为商家提供客户关系管理解决方案，如易淘食、大嘴巴等。

（6）社交类。以美食分享和交友为切入点，如饭本、美食美刻、食遇等。

（7）菜谱类。以菜谱为切入点，如好豆网、下厨房等。

（8）健康塑身类。以减肥和健康为切入点，如 Yota 美食等。

（9）新型品牌类电商。借助互联网思维打造互联网特色品牌，如借助朋友圈传播。

（10）连锁品牌类。基于已有品牌的影响力和门店数进行 O2O 转型升级，如俏江南、小南国等。

五、餐饮 APP 营销

对于餐饮企业来说，APP 通常有六大功能，具体如图 3-19 所示。

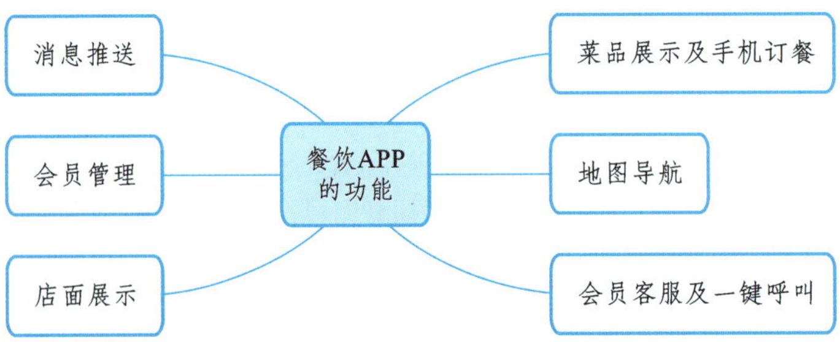

图 3-19　餐饮 APP 的功能

1. 消息推送

在用餐时间，餐饮企业通过 APP 向顾客推送优惠信息、餐饮贴士、新式菜品等，可以吸引顾客到店消费。还可利用娱乐新闻、时事新闻、天气预报等间接植入餐饮店的文化、菜品等。

2. 会员管理

使用 APP 添加、导入餐饮店已有会员，一键实现对未安装 APP 会员的推广，还可以吸纳新会员。同时通过 APP 对顾客的行为进行统计和分析，根据这些数有针对性地推出不同口味的菜品，提高顾客的用餐满意度。

3. 店面展示

把店面信息放在 APP 中进行展示，精美的图片展示不仅能让顾客享受一场视觉盛宴，更能吸引他们到店消费。

4. 菜品展示及手机订餐

在 APP 中进行菜品详情展示并提供下单、支付、预约等服务，顾客在 APP 中就可以预订每一餐，提前点餐，方便快捷。

5. 地图导航

顾客无须担心找不到店面，APP 可定位和导航，操作方便。

6. 会员客服及一键呼叫

顾客在就餐时可以在 APP 中向服务员咨询相关问题，反之餐饮企业通过 APP 进行服务、问题解答等。通过一键呼叫可以让顾客随时联络到餐饮店的工作人员。

打开手机应用中心，搜索餐饮、美食等关键词就会发现，餐饮类的 APP 有很多，这些餐饮类的 APP 主要可以分为以下五类，如图 3-20 所示。

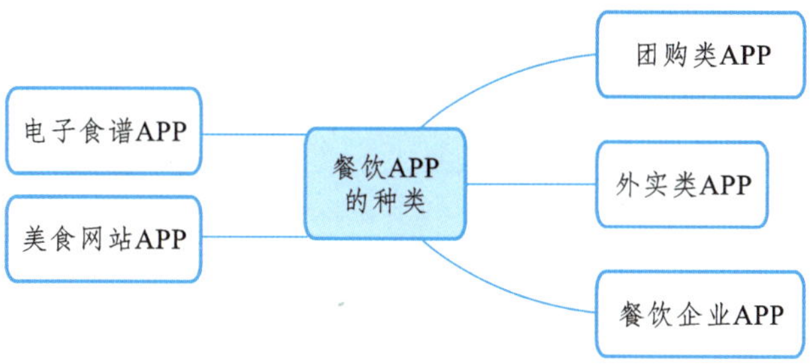

图 3-20 餐饮 APP 的种类

六、餐饮促销管理

餐饮店是专门为顾客提供餐饮服务的场所，其经济效益的好坏往往取决于使用的促销手段。因此，在抓好内部管理的同时，餐饮经理还需密切关注市场动态，根据实际情况采取相应的促销策略，以吸引更多的顾客光顾，提高店内经济效益。

为了确保促销工作的成功，餐饮经理需要具备丰富的市场营销经验和独特的销售理念。他们需要深入了解顾客需求，并针对不同客户群体制订相应的促销方案。例如，针对年轻顾客可以推出特色套餐，针对家庭客户则可设置家庭套餐等。

除了制订促销方案外，餐饮经理还需注重宣传效果的评估和改进。他们需要关注顾客反馈，收集顾客意见，及时调整和优化促销方案，以达到最佳的宣传效果。同时，他们还需要与员工密切合作，确保员工了解促销方案并积极配合，以提高服务质量。

总之，餐饮店的促销工作需要密切关注市场动态和顾客需求，制订科学合理的促销方案，并注重宣传效果的评估和改进。只有这样，才能确保餐饮店的经济效益得到最大限度的提升。

（一）促销活动策划前的自我分析

在策划促销活动前，餐饮经理须根据餐饮企业的现状，分析影响企业的关键因素及存在的问题，具体内容如图 3-21 所示。

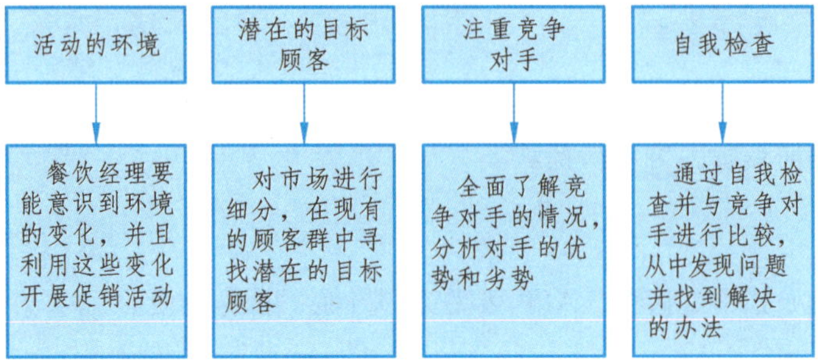

图 3-21　自我分析

（二）明确促销活动的目标

餐饮企业促销活动的目标是通过制定活动计划来实现的。

1. 餐饮企业促销的目标

餐饮企业开展促销活动可以让消费者了解餐饮企业及该企业的产品，其具体目标如图 3-22 所示。

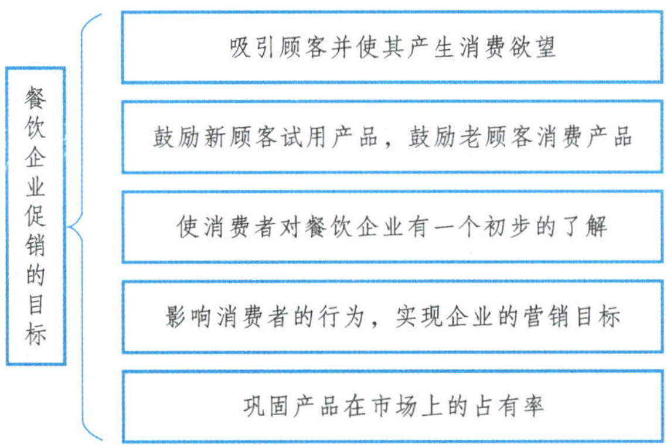

图 3-22　餐饮企业促销的目标

2. 制订目标

（1）明确活动目标。

针对不同的目标，采用不同的方法。如果餐饮企业的目标是增加人气，那么要制订一个维持回头客的计划；如果餐饮企业的目标是提高利润，那么要注意产品的质量，否则会适得其反。

（2）制订活动计划。

对于餐饮企业的每一个目标，都应有一个活动计划，并且要详细列出实施这个计划的步骤，让员工可以有章可循。

（三）餐饮企业促销方法选择

服务促销法就是在餐饮服务之外提供额外服务的促销方法，主要可以分为四类，具体见表 3-1。

表 3-1　餐饮企业促销方法

服务	内容
知识性服务	在餐饮店里准备报纸、杂志、书籍等以便顾客翻阅，或者播放新闻、综艺等电视节目
附加服务	可以给过生日的顾客赠送蛋糕，国际劳动妇女节时给用餐的女士送一束鲜花等
表演服务	可以运用乐队伴奏、钢琴演奏、歌手演唱、歌舞表演等现场表演方式进行促销
信息服务	在餐饮店里播放商品信息、股票行情等

优惠促销法是餐饮店采取一系列折扣吸引顾客多次消费的方法。餐饮店的优惠促销活动主要有以下七种形式，具体见表 3-2。

表 3-2　餐饮店的优惠促销活动

形式	内容
赠券	赠券的优惠促销活动在餐饮行业很普遍，尤其在营业淡季。赠券通常是以较低的价格向消费者销售产品
试吃样品	餐饮店开发出新的餐饮产品时，可将样品送给顾客品尝，以了解他们是否喜欢。当新产品得到顾客的认可后，再将其列入菜单
套餐折扣	经过精心设计将若干菜品组合成一个套餐时，餐饮店可以按较低价格进行出售，即以一定的折扣价格吸引新顾客。有场地和可以承办婚礼的餐饮店通常可以采用此方法
赠品	餐饮店在以正常价格向顾客提供包装品和饮料时，可向其赠送一些小礼品
折扣	折扣是优惠促销的一种常见形式。餐饮店可以根据顾客消费额的多少确定折扣的高低，还可以在营业淡季和非营业高峰期实行半价优惠和买一送一等促销活动
积分奖励	积分奖励是一种用于奖励餐饮店老顾客，提高顾客忠诚度的优惠促销方法。餐饮店按照顾客的消费额计算分数，顾客每次消费获得的分数可以累加形成总积分数，餐饮店可根据顾客的积分制订和实施不同档次的奖励计划，如给予较高的折扣优惠或免费消费等
联合促销	联合促销是指两家及以上的餐饮店或其他企业基于相互利益的考虑，同时进行促销和产品推广的方法。例如，餐饮店与葡萄酒生产商合作，举办葡萄酒节等

促销就是要抓住各种机会甚至创造机会吸引顾客消费。各种节假日是促销的最佳时

机，餐饮企业每年都要做一个促销计划，尤其是节假日的促销活动应当富有新意。节假日促销法主要如图 3-23 所示几种促销时机。

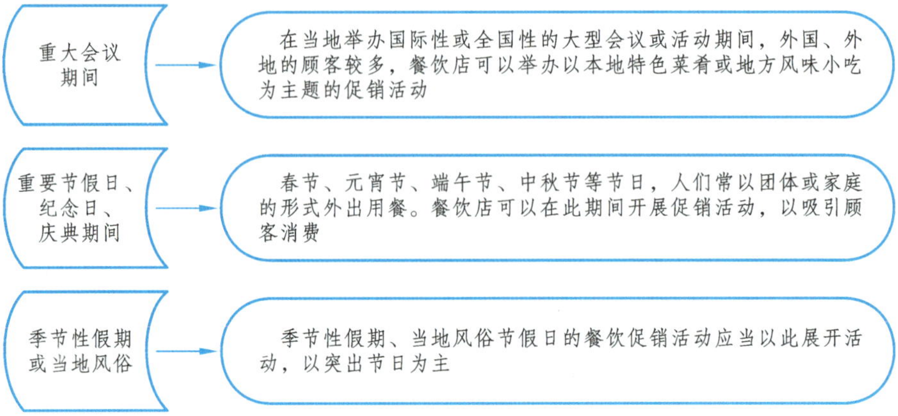

图 3-23 促销时机

餐饮店通过照片、文字、实物等营造的就餐环境、气氛和情调是一种无形的推广资源，也是吸引顾客就餐的重要因素之一。

就餐环境直接影响着顾客的就餐满意度，为此，餐饮店可以在电梯内或大堂等地方设置餐饮告示牌或橱窗，张贴诸如菜品特选、特价套餐、节日菜单和新增菜品等信息。

展示厨房是现代的餐饮店经常使用的环境促销方法。有的餐饮店用玻璃墙将就餐区和厨房隔离开来，顾客可以看着厨师烹调菜品；有的在就餐区设置大屏幕显示器，顾客可以在电视屏幕上观看配菜加工和烹饪制作等过程。

对象促销法就是选择某类顾客作为促销对象，并且据此策划餐饮促销活动的方法。对象的选择一般为餐饮店的重要顾客以及对餐饮店的销售利润具有重要影响的人群，比如针对儿童、女性顾客的促销活动。

餐饮企业在策划庆典活动时的步骤大致可分为以下几个步骤，如图 3-24 所示。

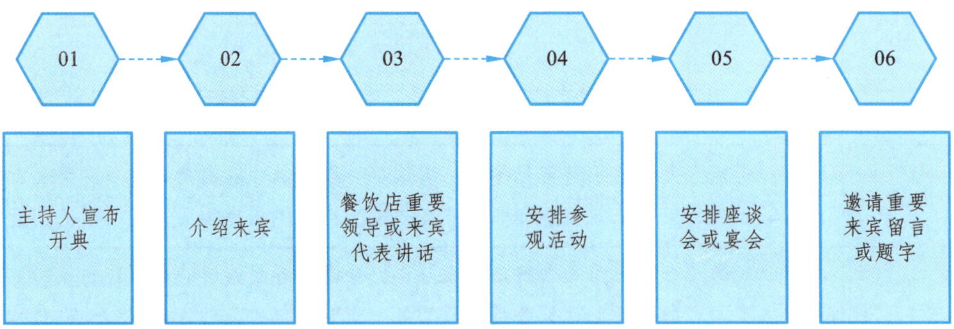

图 3-24 策划庆典活动的步骤

（四）店内宣传品广告促销

1. 节目单

餐饮企业可以将本店在本周、本月的各种促销活动、文娱活动等信息印刷成节目单放在餐饮店门口、电梯口或总台。

2. 餐巾纸

餐饮企业一般都会在顾客用餐过程中向其提供餐巾纸，餐饮企业可以在餐巾纸上印上企业的名称、地址、标记、电话等信息，以达到促销和宣传的效果。

3. 小礼品

餐饮企业可以在节假日和促销活动期间，或者在日常经营期间送一些小礼品给用餐的顾客。小礼品要精心设计，如果能根据不同的场合和对象有针对性地分别赠送，效果会更好。常见的小礼品有生肖卡、印有餐饮企业广告语和菜单的折扇、小盒茶叶、巧克力、鲜花、精制筷子等。

（五）菜单的促销与定价

1. 菜单促销

餐饮店使用新菜单时应随时留意顾客的反应，根据顾客的意见和建议适时对菜单进行调整，如图 3-25 所示。

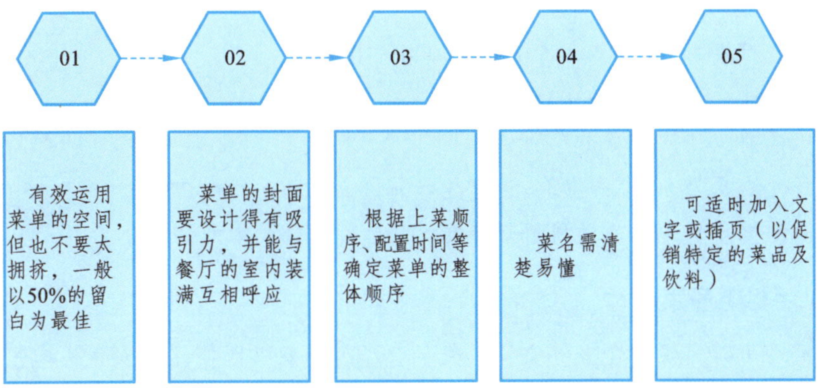

图 3-25　菜单的评估和修正

（1）定期做口味调查。

餐饮企业可以利用问卷调查的方式获知顾客的口味及饮食喜好，以便及时对菜单上的菜品进行调整。问卷调查的内容主要包括口味、分量、热度、香味、装饰、价格等。

（2）分析每日销售情形。

餐饮企业应使用“每日菜单销售情形表”记录菜品的销售量，其示例见表 3-3。

表 3-3　每日菜单销售情形

类别	菜品名称
受欢迎且获利高	
不受欢迎但获利高	
受欢迎但获利低	
不受欢迎且获利低	

如此一来，在每月或每周评估时，就知道什么菜品该保留、什么菜品该淘汰。在淘

汰一些菜品的同时，也要注意菜单的完整性。

2. 菜单的定价

对于受欢迎的菜单，其定价法有两种，即成本倍数法和利润定价法。

（1）成本倍数法。

餐饮企业在确定菜品的售价时，首先会考虑到成本，而成本主要是由食材、人事费用及其他费用三项构成的。利用成本倍数法计算定价的步骤如下：

假设某道菜的食材成本为 20 元，人事费用为 5 元，则其主要成本额为 20+5=25 元。

设定主要成本率为 60%，则其定价=25 ÷ 60%≈41.7 元。

此方法的优点是简单易算、清楚易懂。但是菜品除了主要成本（食材及人事费用），还有其他的开销，如果误差较大将会影响最后的利润，因此并非最理想的定价方式。

（2）利润定价法。

利润定价法是以预期利润和食材成本合并来计算定价，其计算步骤如下：

假设预估销售额= 30 000 元；操作费用（不含食材成本）=15 000 元；预期利润= 5 000 元。

则预估食材成本= 30 000−(15 000 + 5 000)=10 000 元。

定价的倍数= 10 000 × 3=30 000。

以此为依据，计算出每道菜的售价。

如牛排的成本为 50 元，售价=食材成本 × 倍数，则牛排的售价=50 × 3=150 元。

该方法的重点是为了确保利润而将其估算为所花费成本的一部分。

（六）手机电子菜单

餐饮经理可以将餐饮企业的文化、菜品介绍等信息按照指示录入手机电子菜单。用户通过扫码获得该手机网站的跳转链接并获取餐饮企业的相关信息。

手机电子菜单可以给餐饮店带来的好处包括三个方面，如图 3-26 所示。

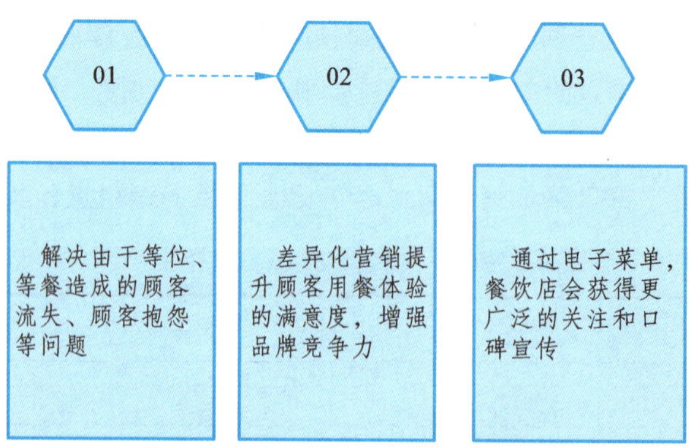

图 3-26　手机电子菜单给餐饮店带来的好处

手机电子菜单给顾客带来的好处包括三个方面，如图 3-27 所示。

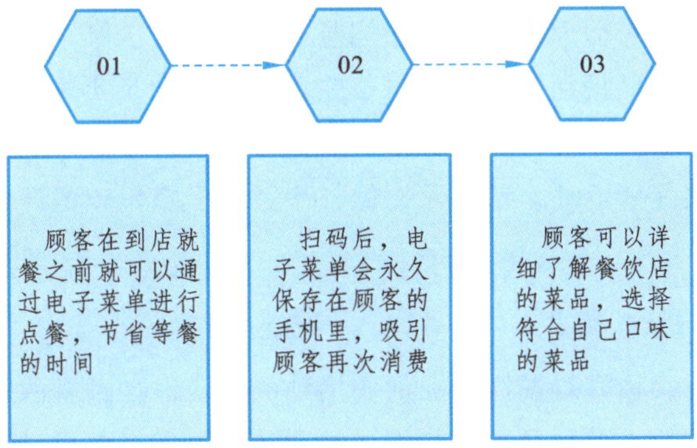

图 3-27　手机电子菜单给顾客带来的好处

（七）节日促销

在特殊的日子里，例如春节、七夕节、元宵节、母亲节等具有特定纪念意义的日子，商家会精心策划一系列丰富多样的促销活动来吸引广大的顾客群体，以推动产品的销售，同时为消费者带来一定的优惠与福利。这些促销活动通常与特定节日或纪念日的主题紧密相连，巧妙地将商品推广与节日氛围相结合，激发消费者的购买欲望和兴趣，从而达到双赢的效果。

（八）跨界促销

跨界促销则是另一种具有策略性思维的市场营销策略。这种促销方式主要通过不同餐饮品牌或不同产品的合作来推广，以此吸引各自的目标受众，提升品牌的知名度和销售额。这种跨界合作的方式具有相互受益的特点，能够有效地拓宽受众群体，增加品牌曝光度，提升企业的竞争力和影响力。

（九）餐饮促销活动评估

1. 前后比较法评估促销效果

前后比较法是一种通过对比餐饮企业在开展促销活动前、促销活动中和促销活动后的销售额来评估促销效果的方法。通常情况下，这种比较方法可以得到三种情况，即十分成功、得不偿失、适得其反。

（1）十分成功。在十分成功的情况下，销售额在促销活动期间会明显增加，同时，活动前后销售额的差异也十分显著，这表明促销活动对提高销售额产生了积极的影响。

（2）得不偿失。如果不考虑促销活动的成本，仅仅从销售额的角度来看，可能会得出得不偿失的结论。因为尽管销售额有所增加，但企业可能因为促销活动而遭受其他方面的损失，如利润的减少、成本的增加等。

（3）适得其反。如果促销活动没有达到预期的效果，或者由于促销活动导致销售额下降，就会出现适得其反的情况。这种情况下，即使销售额没有明显下降，但与促销活动之前的水平相比，销售额仍然出现了明显的下滑。

2. 顾客调查法评估促销效果

顾客调查法就是抽取一定数量的顾客作为样本进行调查，以了解促销活动的效果。

例如，在促销活动期间可以通过发放调查问卷，了解有多少顾客是因餐饮企业的促销活动而前来消费的、其对促销活动有何评价、是否从中得到了实惠、此次活动对其今后选择就餐场所是否会有影响等，从而评估餐饮企业促销活动的效果。

餐饮企业在开展促销活动之前，可以做一个关于促销策略的调查问卷以了解顾客对促销活动的看法。

3. 观察法评估促销效果

观察法即通过观察顾客对餐饮企业促销活动的反应，如顾客的踊跃程度、优惠券的使用情况、参加抽奖的人数以及赠品的赠送情况等，对促销效果进行评估。餐饮企业可以利用促销活动总结表和促销活动成果汇总表对促销效果进行评估（见表 3-4、表 3-5）。

表 3-4　促销活动总结

活动名称	
目的	
形式	
吸引顾客数量	
顾客的反应	
现场活动状况	
销售额/元	
利润/元	
效果评估	
问题分析	
改进建议	

表 3-5　促销活动成果汇总

<table>
<tr><td>部门名称</td><td></td><td>编号</td><td></td><td>协助供应商</td><td></td><td>促销时间</td><td></td></tr>
<tr><td>促销名称</td><td></td><td>预估数量</td><td></td><td>实际销量</td><td></td><td>预算费用占比</td><td></td></tr>
<tr><td>促销费用</td><td></td><td>预算费用</td><td></td><td>实际销量</td><td></td><td>实际费用占比</td><td></td></tr>
<tr><td>赠品领取记录</td><td colspan="7"></td></tr>
<tr><td>差异说明及活动检讨</td><td colspan="7"></td></tr>
<tr><td>改进建议</td><td colspan="7"></td></tr>
</table>

4. 促销效果评估

餐饮企业的促销效果主要从促销主题、促销创意、促销菜品三个方面进行评估，如图 3-28 所示。

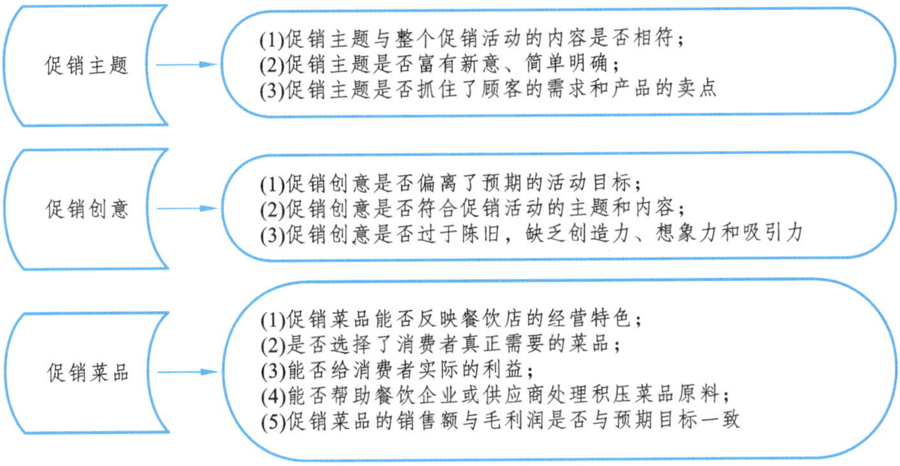

图 3-28　促销效果评估

餐饮企业在对促销效果进行评估时，需要运用到相关表单，如成本分析表、活动总结表、效果评估表等（见表 3-6 ~ 表 3-8）。

表 3-6　促销成本分析

分析人： 审核人：	
方式	
说明	
促销时间	
估计费用	
实际费用	
成本收益分析	
批示	

表 3-7　促销活动总结

填表人： 日期：			
促销地点		促销时间	
促销主题			
预计费用		实际费用	
差额		原因	
促销内容及方式			
促销成果分析			
存在的问题及原因			
改善措施与经验总结			
意见	餐饮经理		
	总经理		
备注	填写本表的意义在于监控促销活动的过程与结果，同时也是核准下次促销活动的重要依据		

表 3-8　促销效果评估

日期：					
促销日期	选择媒体	投放力度	重点对象	销售情况	备注

5. 促销活动总结

（1）促销人员评估。

促销人员评估可以督促员工在日常工作中严格遵守规范、保持工作热情，具体见表 3-9。

表 3-9　促销人员评估

<table>
<tr><td colspan="16">促销商品：
评估者：
日期：</td></tr>
<tr><td rowspan="3">活动地点</td><td rowspan="3">促销员姓名</td><td colspan="11">考核项目</td><td rowspan="3">违反重要规定</td><td rowspan="3">评分</td><td rowspan="3">现场状况说明</td></tr>
<tr><td colspan="6">标准性</td><td colspan="5">工作态度</td></tr>
<tr><td>动作</td><td>音量</td><td>仪表仪态</td><td>亲和力</td><td>专业知识</td><td>促销方案执行度</td><td>配合度</td><td>工作积极性</td><td>纪律遵守情况</td><td>纪律遵守情况</td><td>服务态度</td></tr>
<tr><td colspan="3">备注</td><td colspan="13">违反重要规定包括以下几项：
逃班；
迟到或早退（15 分钟之内）；
未执行分内工作；
未按规定着装；
用餐超时；
报表不实</td></tr>
</table>

（2）促销活动总结报告。

当促销活动结束后，餐饮企业需要对本次活动进行分析和总结，撰写促销活动总结报告。

任务实施与评价

任务一 模拟营销

一、任务实施

模拟营销的任务实施步骤见表 3-10。

表 3-10 模拟营销

任务一 模拟营销	
任务步骤	任务描述
寻找餐厅	以小组为单位从大众点评网（https: //account.dianping.com）找寻心仪本地餐厅，前往该餐厅用餐并完成后续步骤，或是根据自己已经去过的餐厅为例完成后续步骤
模拟营销	使用朋友圈营销的方式，根据所选餐厅的某种或某几种菜品撰写朋友圈推文
反馈收集	通过手机朋友圈点赞的形式，综合评价模拟营销情况

二、学生工作页

（1）分成 4 个小组完成模拟营销。

（2）学生任务单见表 3-11。

表 3-11 模拟营销（学生任务单）

任务一 模拟营销			
班级		姓名	
你前往的餐厅是哪家			
这家餐厅给你留下印象最深的菜品是什么？请列举至少三种			
朋友圈营销推文：			

任务二 模拟促销

一、任务实施

模拟促销的任务实施步骤见表 3-12。

表 3-12 模拟促销

任务二 模拟促销	
任务步骤	任务描述
模拟策划节日促销活动	在特殊的日子里，例如春节、七夕节、元宵节、母亲节等具有特定纪念意义的日子，商家会精心策划一系列丰富多样的促销活动来吸引广大的顾客群体，以推动产品的销售，同时为消费者带来独一无二的优惠与福利。这些促销活动通常与特定节日或纪念日的主题紧密相连，巧妙地将商品推广与节日氛围相结合，激发消费者的购买欲望和兴趣，从而达到双赢的效果

二、学生工作页

（1）分成 4 个小组通过资料学习分析、素材收集，结合日常生活经验完成节日促销策划。

（2）学生任务单见表 3-13。

表 3-13 节日促销策划（学生任务单）

任务二 节日促销策划			
班级		姓名	
节日促销选择的节日及原因			
促销活动内容（具体说明）			
促销效果评估方法			

模块四

优质服务

>>>>>>>>>>>

知识要求

1. 了解优质服务的基本含义。
2. 了解餐饮服务的类型及特点。
3. 熟悉餐饮从业人员服务中的素质要求。
4. 了解餐饮服务的流程。
5. 了解学生对餐饮行业的敏感度，培养学生的职业素养，提高学生对于组织管理和团队意识的认知。

技能要求

1. 熟悉餐饮服务的类型。
2. 说出零点服务、宴会服务、团体包餐及自助餐的服务特点。
3. 充分理解优质服务的概念。

素质要求

1. 具备良好的职业道德素养和社会责任感。
2. 具备精益求精、吃苦耐劳的工匠精神。
3. 具备艰苦奋斗、勇于创新的劳动精神。
4. 具备餐饮服务业人员的综合素质和职业素养。

知识准备

优质服务一词指在符合行业标准或部门规章等通例的前提下，所提供的服务能够满足服务对象的合理需求和正常期望值，保证一定的满意度，是从消费者、客服、办事群众的利益诉求出发，完善服务理念、提高服务质量、规范服务操作。

一、中餐服务流程管理

（一）餐饮服务六大基本技能

餐饮服务六大基本技能具体见表 4-1 ~ 表 4-6。

表 4-1 托盘

项目	操作步骤	操作规范	细节要求
轻托（用于上菜、斟酒操作或托送较轻的物品，一般质量在 5 千克以下）	理盘	双手持拿托盘的外边缘，检查托盘是否干净、有无破损	要求托盘无油污、无水迹、无破损
	装盘	将托盘平放于台面后，按照重物、高物、后用的在里档（靠近于胸前的部位），轻物、低物、先用的在外档的原则进行装盘。装酒水时，需要持拿瓶体的底端；装杯具时，需要持拿酒杯的杯柄/把/底端；装菜盘时需要持拿菜盘的外边缘	物件与物件之间的距离为 0.5 ~ 1 cm，重心靠近身体，有商标的物件需将商标方向朝外
	起托	右脚后撤半步成半蹲状，上身挺直，左肘和左手与托盘在同一平面上，掌心向上，用左手托盘，右手扶住托盘的右边缘将托盘拉出台面的 2/3 处，右手协助左手调整好托盘重心后起身站直，并收回右脚，收脚同时右手放开托盘，自然下垂	要求起托时弯膝不弯腰，起托过程中托盘平稳，动作干净、利落
	托盘站立	左手托盘，右手自然下垂，左臂弯曲成 90°，掌心向上，五指尽量分开成凹形，用五指指腹及手掌根部掌握托盘的平衡，掌心不与盘底接触，平托于胸前，略低于胸部，左肘与腰部有 1 拳的距离	站立时需头正、肩平、目光平视，两脚呈立正姿势，要求托盘平稳、盘内物件无摇晃
	托盘行走	托盘行走时，左手托盘，右手随身体运动自然摆动，头正、肩平、盘平，上身挺直，目视前方，脚步轻盈	行走过程中，表情自然大方，随着行走的节奏，掌握并调整好托盘的平衡
	托盘越障碍	路遇障碍物时，需用右手护住托盘的正上前方，且左护右不护（当障碍物在身体左侧时，需要护托，在右侧时，则不需要护托）。右手护托时要求五指自然并拢，掌心向内进行护托，托盘后转身时也需护托	托盘遇障碍物时，身体不得碰触障碍物

续表

项目	操作步骤	操作规范	细节要求
轻托（用于上菜、斟酒操作或托送较轻的物品，一般质量在5千克以下）	托盘捡物	捡地上物品时，走到物品的正左侧站定，右脚后撤半步下蹲，左手托盘，右手拣物，下蹲及起身同时需护托，并且捡物时保持头正颈直，抬头挺胸，目视前方	捡物时，托盘保持平稳，不要倾斜，身体上身保持正直
	落拓	面向工作台面，将身体调整为立正姿势，用右手扶住托盘，左脚向前半步，上身前倾，屈膝成半蹲状，使盘面和台面处于同一平面，并将托盘前端1/3放在台面上，右手协助用左手轻推托盘完全至台面后放稳	落拓时要轻放托盘

表 4-2　斟酒

项目	操作步骤	操作规范	细节要求
徒手斟酒	取拿酒水	取拿酒水时，需持拿瓶体的2/3处	不能持拿酒瓶的瓶颈及瓶口处
	斟前工作	斟酒前，服务员用左手持拿折叠好的干净餐巾（最好是白色），自然地背于体后；右手持握酒瓶的中下部，食指指向瓶口处，中指与拇指分开约成60°角，掌心向左，商标朝外与掌心相对	餐巾无破损、无污迹、无异味。持拿餐巾时，拇指在上其余四指自然并拢在下，持握住餐巾
	斟酒	斟酒时，站立于座位的右后侧，右手持瓶，左手持拿餐巾背于体后。右脚在前，左脚在后呈“T”形侧身而站，上身微前倾，按顺时针方向斟倒酒水。斟倒酒水时，瓶口不能碰触杯口，相距1～2 cm，瓶口必须朝向酒杯正中，酒水每杯斟至八分满	酒水不能溅出、滴出或溢出杯外。整瓶酒液的流速以先缓慢、中稍快、后再慢的原则斟倒
	旋转并擦拭瓶口	每斟完1杯酒后，在此杯口的正上方抬起瓶口，将酒瓶按顺时针方向旋转100°～180°，将余滴酒水留于瓶口边缘处或滴于杯内，然后右手持瓶，再在左手的餐巾上按顺时针方向擦拭一下瓶口	旋转酒瓶时，身体不能随之扭动，始终保持微前倾姿势。擦拭酒水时右手持酒瓶在左手的餐巾上旋转瓶口，左手持握餐巾迎合
托盘斟酒	装盘	在台面上按轻托托盘的装盘标准及要求将酒水合理装盘	酒水商标朝外，瓶子之间的距离为0.5～1 cm
	斟前工作	准备一餐巾（最好白色）折叠成小方形搭在托起托盘后的右侧外边缘处，包合面朝下，下摆幅度1～2 cm	餐巾干净、无污迹
	斟酒	斟酒时，站立于座位的右后侧，左手托盘，并按甩盘的标准及要求将托盘保持在座椅外，右手按轻托盘的标准及要求拿取托盘中的酒水，正确持瓶，右脚在前，左脚在后呈“T”形侧身而站，上身微前倾，按顺时针方向以先有色酒，后白酒，再啤酒或饮料的顺序斟倒酒水，瓶口不能碰触杯口，相距1～2 cm，酒水每杯斟至八分满（具体也可根据店内标准斟倒）	保持托盘平稳。斟酒时，酒水不能溅出或滴到杯外。整瓶酒液的流速以先缓慢、中稍快、后再慢的原则斟倒

续表

项目	操作步骤	操作规范	细节要求
托盘斟酒	旋转并擦拭瓶口	每斟完 1 杯酒后，在此杯口的正上方抬起瓶口，将酒瓶按顺时针方向轻轻旋转 100°～180°，然后再在托盘外边缘处的餐巾上按顺时针方向轻轻擦拭一下瓶口，将余滴酒水留于瓶口边缘处或滴于杯内	旋转酒瓶时，身体不能随之扭动，始终保持微前倾姿势及托盘平稳；擦拭酒水时身体面向甩盘后的托盘方向，随之右手持酒瓶在托盘边缘的餐巾上轻轻旋转擦拭瓶口

表 4-3　餐巾折花

项目	操作步骤	操作规范	细节要求
杯花	准备餐巾及杯具	洗手消毒过后，选取指定规格、颜色以及数量正确的餐巾，然后将餐巾平铺于干净光滑的平面上检查餐巾是否达到可折叠使用的标准。杯子规格适宜（多以中杯）	餐巾无污染、无破损、平整无皱褶，杯子无污迹、无破损
	折叠餐巾	根据杯花类的折叠造型种类（动物类、植物类、实物类），按照正确的折叠技法（叠、推、卷、穿、攥、翻、拉、掰、捏）以及宴会的需求（政务宴、婚宴、寿宴等）和宾主位的设定，在光滑的平面上折叠合适的餐巾花形。圆形餐台餐巾花形的高度以主陪位最高、副主陪次高、再主宾、后其他（其他的花形高度可相同）的高度为原则。长条桌以及散餐厅的花形种类或高度可相同	折叠餐巾时手要消毒、不能用嘴咬或手抓餐巾，而是需要用双手的拇指和食指捏拿餐巾的边缘。折叠的餐巾花形要求造型美观、挺括生动、形象逼真
	摆放餐巾	将折叠好的餐巾花形按顺时针方向从主陪位开始依次放入中杯中的 2/3 处，手不能碰触杯口或杯身	餐巾花形的观赏面朝向客人（餐位），主位突出、花形摆放协调、错落有致
盘花	准备餐巾及餐盘	洗手消毒过后，选取指定规格、颜色以及数量正确的餐巾，然后将餐巾平铺于干净光滑的平面上检查餐巾是否达到可折叠使用的标准，随后准备并检查餐盘是否适宜，准备及检查餐盘时需持拿餐盘的外边缘	餐巾无污染、无破损、平整无皱褶，盘子无污迹、无破损
	折叠餐巾	根据盘花类的折叠造型种类（动物类、植物类、实物类），按照正确的折叠技法（叠、推、卷、穿、攥、翻、拉、掰、捏）以及宴会的需求（政务宴、婚宴、寿宴等）和宾主位的设定，在光滑的平面上折叠合适的餐巾花形；圆形餐台餐巾花形的高度以主陪位最高、副主陪次高、再主宾、后其他（其他的花形高度可相同）的高度为原则。长条桌以及散餐厅的花形种类或高度可相同	折叠餐巾时，手要消毒、不能用嘴咬或手抓餐巾，而是需要用双手的拇指和食指捏拿餐巾的边缘，折叠的餐巾花形要求造型美观、挺括生动、形象逼真
	摆放餐巾	将折叠好的餐巾花形按顺时针方向从主陪位开始依次放入餐盘正中，并且依次定位准确	餐巾花形的观赏面朝向客人（即餐位），主位突出、花形摆放协调、错落有致

表 4-4　摆台

项目	操作步骤	操作规范
中餐宴会摆台（圆形台）	铺底布（装饰布）、台布	（1）推拉式：站在正/副主人位先把台布抖开正面朝上，左右两手捏住台布的一边，两手离中缝线各 50 cm 左右，其他的台布分别夹在其余四指内，双手里合，把桌布沿桌面向前推出再平面向自身拉回至适当位置。 （2）撒网式：站于正/副主人位把台布甩出（如撒网状），然后再拉回，拉回的同时调整好台布。 （3）抖铺式：站于正/副主人位，把台布整理好，两手同时用力将台布抛出，再向自身拉回，抖平铺好台布。 （4）台布十字折缝居中，中股缝向上，台布干净、平整、无破损，桌布及桌裙的四周下垂部分各相等
	放一体转盘	铺好台布后，服务员需要站于主陪处，将一体转盘放于餐台的十字中心位置，右手的四指并拢垂直于转盘的外边缘，并与转盘相切，左手按顺时针方向转动转盘试转，检查转盘是否有偏离，如有偏离，需调整至桌面中心位置
	餐碟定位	从主人位开始一次性定位摆放餐碟，餐碟间距离均等，餐碟标志对正，相对餐碟与餐桌中心点三点一线。餐碟边距桌边 1.5 cm。拿碟手法正确（手拿餐碟边缘部分）、卫生、无碰撞
	汤碗、汤勺、味碟	汤碗摆放在餐碟左上方 1 cm 处，味碟摆放在餐碟右上方，汤勺放置于汤碗中，勺把朝左，与餐碟平行
		汤碗与味碟间距的中点对准餐碟的中点，汤碗与味碟、餐碟间相距均为 1 cm
	筷架、席面更、筷子、牙签	筷架摆在餐碟右边，其中点与汤碗、味碟在一条直线上。 席面更、筷子搁摆在筷架上，筷尾的右下角距桌边 1.5 cm。 筷套正面朝上。 牙签位于银更和筷子之间，牙签套正面朝上，底部与银更齐平
	葡萄酒杯、白酒杯、水杯	葡萄酒杯在餐碟正上方（汤碗与味碟之间距离的中点线上）。 白酒杯摆在葡萄酒杯的右侧，水杯位于葡萄酒杯左侧，杯肚间隔 1 cm，三杯成一直线。摆杯手法正确（手拿杯柄或中下部）、卫生
	公用餐具	公用筷架摆放在正副主人餐位正上方，距水杯肚 3 cm。如折的是杯花，可先摆放杯花，再摆放公用餐具。 先勺后筷顺序是将公勺、公筷搁摆于公用筷架之上，勺柄、筷子尾端朝右
	餐巾折花	花形突出正/副主人位，巾花种类丰富、款式新颖、造型美观、花形逼真、整体协调，有头、尾的动物造型应头朝右（主人位除外）。巾花观赏面向客人（主人位除外）。 操作手法卫生，折叠手法正确，一次性成形。如折的是杯花，巾花折好后放于水杯中一起摆上桌，落杯不超过 2/3 处。手不触及杯口及杯的上部
	菜单、花瓶和桌号牌	花瓶摆在台面正中。 菜单摆放在正副主人的筷子架右侧，位置一致，菜单右尾端距离桌边 1.5 cm。 桌号牌摆放在花瓶正前方，面对副主人位
	拉椅让座	拉椅从主宾位开始，座位中心与餐碟中心对齐，餐椅之间距离均等，餐椅座面边缘距台布下垂部分 1 cm。 让座手势正确，体现礼貌

表 4-5　上菜

项目	步骤	操作规范
上菜	取菜	取菜前需要先空出上菜所需的位置。 用双手托拿菜盘/盆上菜。 上各吃的菜品时，为了提高工作效率及方便客人，可根据各吃菜品的盛器及托盘的大小，用托盘适量地一次托盛多个各吃菜品的方法，分别为每位客人上菜
	选择上菜位置	根据菜品的盛器、宴会的规格以及客人的用餐方式等，选择正确的上菜位置。 上各吃菜品或分餐后的菜品时，需要先从主宾开始，站于主宾的右后侧为其上菜，然后按顺时针方向依次为其他客人上菜。如是重要宴会，两位服务员同时为一桌客人上菜时，其中一位仍然需要从主宾开始上菜，而另一位则需要从三宾开始上菜
	菜品摆放	摆放菜品时，手要抓握菜盘/盆的外边缘或盘/盆底部，切不可将手指伸到菜盘/盆的内沿。 动作要轻快，放盘要稳，并且放盘声音要小。 在为客人上菜时（除各吃菜品外），所有的菜品（包括凉菜和热菜）均需要依次将其摆放于餐台转盘的周围，观赏面朝向客人，且要求餐盘的外侧边缘距转盘的外边缘有 1 cm 左右的距离。转动转盘时，需要注意转速不宜过快，且随时注意不要弄倒转盘周围的酒杯。 每上一道热菜时，服务员要先将菜摆放于“上菜口”位置的转盘处，然后按顺时针的方向用右手除大拇指外的其余四指并拢转动转盘的外边缘，将菜转到主陪与主宾之间的中间部位处。 上两道热菜时，要求分别摆于宾主间和副主陪及第三宾间的转盘处；上三个热菜时，则围摆成“品”字形；上四个热菜时，则间距相等地围摆于转盘周围；上五个热菜时，则摆成“梅花”形。 如果转盘上的菜品过于拥挤，需要征询客人的意见是否需要把大盘的菜换入小盘中，然后在征得客人的同意后，服务员将换入小盘的菜品再次摆放于大盘间隙转盘的外周围或内周围，严禁转盘上的菜盘“盘上叠盘”。 上鸡、鸭、鱼等有头型的菜品时，一律将头部朝左，脯（腹）部朝右，以示对客人的尊重。因为中国饮食的传统礼貌习惯是“鸡不献头，鸭不献掌，鱼不献脊”。 中餐上菜，遵循右上右撤，先撤后上的原则为客人上菜。 菜品的摆放要根据菜品的原材料色彩、形状、盛器等几个方面对称摆放，所以在摆放时，要注意菜品荤素、颜色、口味的搭配和间隔，不要只将荤的或素的、颜色深的或浅的、甜的或咸的等集中摆放在一起，而是需要错开摆放，即同颜色、同形状、同口味的菜品可相间或对称摆放，不要并排摆放在一起。菜盘摆放时，要求盘与盘之间的间距相等
	介绍菜品	将每道菜品摆放到转盘且转至宾主之间的部位后，向后退一步，以标准的站姿面向客人站好，然后向客人介绍菜品。菜品介绍时，需要先向客人介绍菜品的名称，然后再介绍口味、营养功效、制作方法等。 将带有盘盖的菜品上到餐台后，需先用左手将盘盖取下背于体后，然后再转至宾主之间介绍菜品。服务员介绍菜品时，表情要自然，吐字要清晰，声音要响亮，语速不宜太快。介绍完菜品后，应礼貌地请客人食用，然后方可转身离开

表 4-6　分菜

项目	操作规范	细节要求
分菜工具使用方法	分菜叉、勺的使用方法：服务员使用分菜叉、勺时，需要用右手持握住分菜勺把的 3/4 处部位和勺柄的 2/3 处部位，勺心向上，叉的底部向勺心，即叉在上，勺在下。其中，先以无名指在上，小拇指和中指在下共同夹住分菜勺，然后用大拇指和食指捏住分菜叉。在夹菜肴时，主要是依靠手指来控制，其中，中指控制勺柄，无名指和小拇指起稳定作用，食指在勺把和勺柄之间与大拇指共同捏住勺把时，大拇指控制叉的着力点，食指控制叉的伸张。分带汁菜肴时用服务勺盛汁	工具使用娴熟、方法得当，操作轻
	分菜刀的使用方法：服务员分鱼或带骨的菜肴时，需要用右手持分菜刀的刀把，然后用左手持叉协助	
分菜方法	托盘分菜法：服务员将菜肴上到转盘上且转至宾主之间的位置后，需先向客人做菜品介绍。待菜品介绍完后，服务员需要将转盘上的菜肴，按照顺时针的方向转至上菜时的位置撤下菜肴。服务员将菜肴撤下后，需要左手托住菜盘，然后右手按照分菜工具的使用方法持握好分菜叉和勺，从主宾位的右侧开始，右脚在前、左脚在后，身体稍前倾，将左手托的菜盘托于自己与客人的身体间，靠前于餐台，按照顺时针的方向依次为每位客人分派菜肴	分菜方法技能娴熟、动作迅速，手法干净利落，菜品不滴不洒。分菜的份数分派均匀，包括荤素搭配均匀、汁菜搭配均匀等
	桌面分菜法：服务员将菜肴上到转盘上且转至宾主之间的位置后，需先向客人做菜品介绍。待菜品介绍完后，服务员需要先用右手按照分菜工具的使用方法持握好分菜叉和勺，然后从主宾位的右侧开始，身体略谦恭，右脚在前、左脚在后，按照顺时针的方向，用右手持握的分菜叉和勺，从转盘上的菜盘中将菜肴依次分入客人的骨碟中，边转边分，用骨碟（即为一位客人分完餐后，需要随之先转动转盘至下一位客人的位置，然后再站到下一位客人右侧的位置为其分菜）	

续表

项目	操作规范	细节要求
分菜方法	操作台分菜法：服务员将菜肴上到转盘上且转至宾主之间的位置后，需先向客人做菜品介绍。待菜品介绍完后，服务员需要先将转盘上的菜肴，按照顺时针的方向转至上菜时的位置，然后将菜肴撤到房间的操作台上。服务员将菜肴放到操作台上后，用右手按照分菜工具的使用方法持握好分菜叉和勺，在操作台上将菜肴分入先前准备好的干净的骨碟中（有条件的骨碟先前需要加热，能够保证热菜热上）	

（二）餐厅服务流程

1. 餐厅服务流程管理

餐厅服务流程如图 4-1 所示。

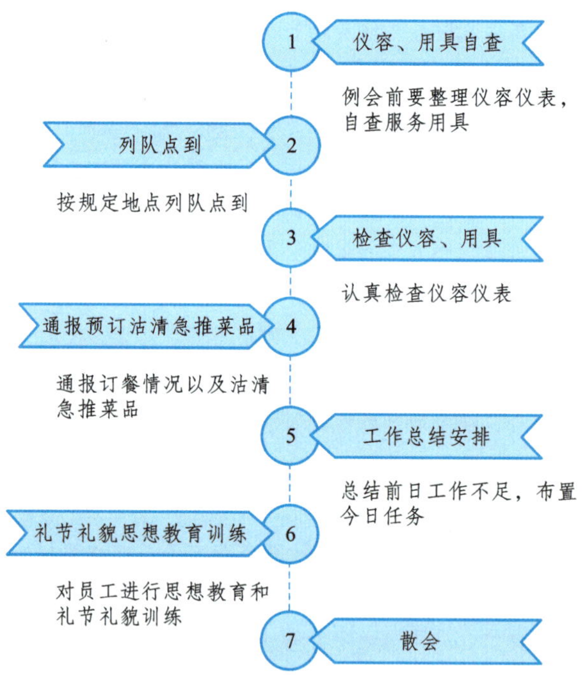

图 4-1 餐厅服务流程

（1）清洁指定区域卫生。

① 餐前半小时，检查工作区域的卫生是否达标。

a. 各类服务用具、杯具是否洁净、无污渍、无指痕。

b. 桌布是否洁净美观，无破损。

c. 工作台、桌椅、地面是否干净。

② 检查完毕后填写“餐前餐后检查表”。

（2）餐前准备。

餐前准备工作流程如图 4-2 所示。

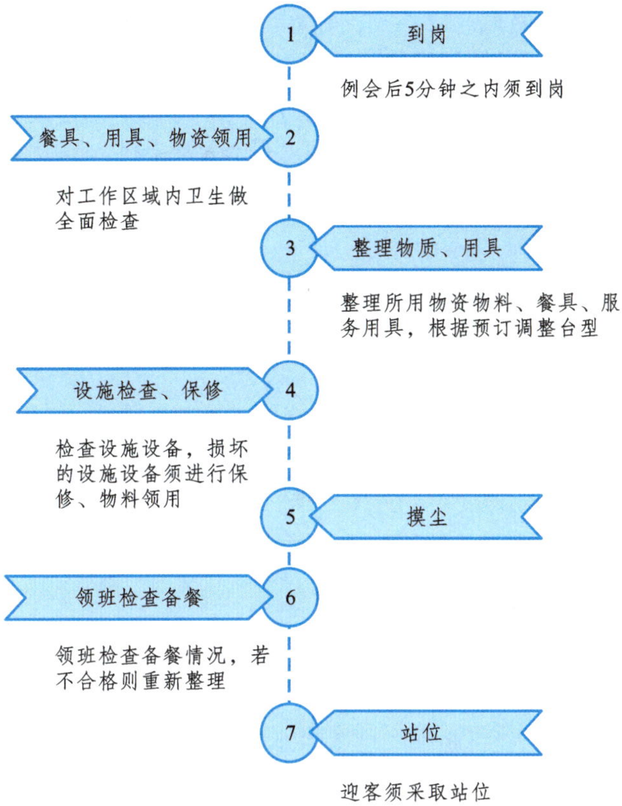

图 4-2　备餐工作流程

① 按照各区域的应备卡备足各类餐具、布草、易耗品等。

② 备足开水。

（3）检查设备设施。

①检查各区域的设备设施是否运转正常。

②设备设施出现质量问题，必须马上报修，10 分钟内将“报修单”送至厅面领班。

（4）摆台。将分工区域内的餐台按照餐厅规定摆好。

（5）掌握宾客信息。

① 至预订处查看“预订记录本”及“客史档案”。

② 熟记分工区域已预订宾客信息。

③ 在“预订记录本”底栏签名。

（6）掌握菜品信息。

① 至菜牌处查看当餐的“菜品估清表”。

② 熟记当餐的沽清菜品、厨师特别推荐菜品、活海鲜类等。

2. 餐厅摆台流程管理

（1）铺桌布。

① 选择尺寸合适、洁净、无破洞的桌布。

② 站在餐桌一侧将台布抖开铺在桌面上。要求桌布下垂四角必须长度统一、整齐美观。

（2）摆放转芯垫板及转盘。

① 检查转芯是否转动灵活、转盘及垫板是否洁净。

② 将转芯、垫板放于餐桌正中。

③ 在垫板正中位置摆放转芯，并在转芯上铺上装饰桌布。

④ 在转芯上摆放转盘，使转芯处于转盘正中位置。

（3）摆放餐具。

根据企业操作规范将餐具摆放到餐桌上。

（4）摆放椅子。

① 保证椅子稳固且干净。

② 将椅子正对着餐位摆放，椅子前沿与桌布下垂部分相接，且椅面与桌布下垂部分成直角。

（5）整体布局。

餐厅整体的桌椅、餐具、花饰应整洁、美观。

3. 餐厅迎客流程管理

迎接客人的工作流程如图 4-3 所示。

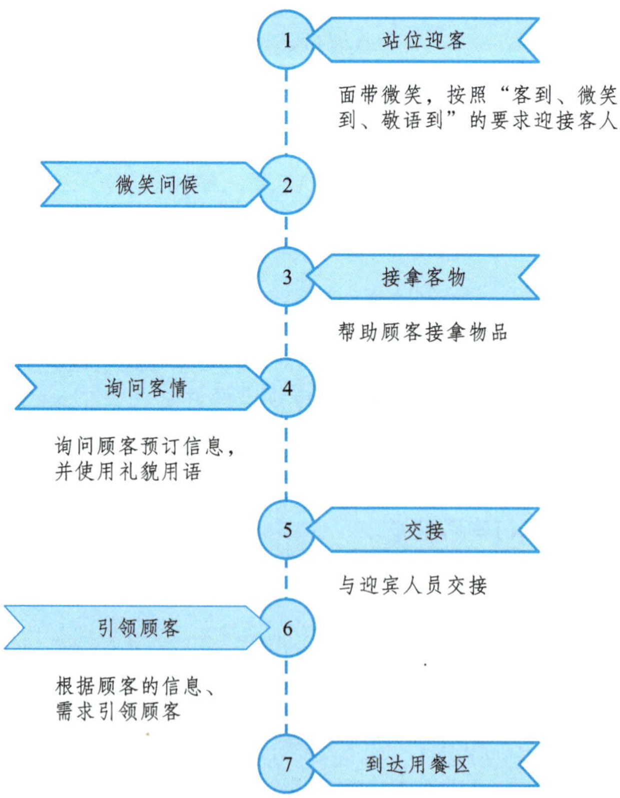

图 4-3　迎接客人的工作流程

（1）站位。

① 开餐前十分钟站位迎宾。

② 站位时注意头正肩平，挺胸收腹，目光自然平视，不得倚物，右手压左手交叉放于小腹部。

③ 男员工两脚后跟分开呈 V 形，女员工脚后跟并拢呈 V 形，双腿自然并拢。

④ 如果预计客人提前到达，则需在客人预计抵达前 10 分钟站位迎宾。

（2）迎接客人。

餐前服务作业流程如图 4-4 所示。

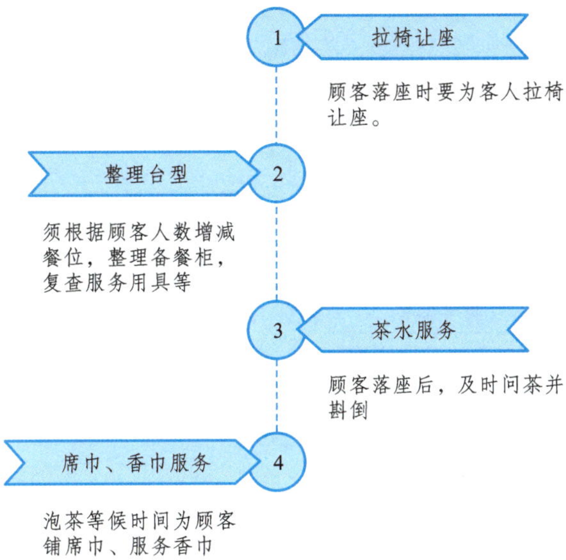

图 4-4　餐前服务作业流程

① 客到时礼貌鞠躬问候，鞠躬时应该右手压左手交叉放于小腹，上身前倾 15°～30°，头、颈、上身保持一条直线，热情友好。

② 协助迎宾员为客人安排座位，拉椅让座，挂衣盖巾。

③ 根据客人的人数调整餐椅和桌面餐具。

④ 如有儿童用餐需马上提供儿童椅及儿童方便餐具。

⑤ 从客人右侧为客人上香巾，放于客人右手边。

⑥ 询问客人欲用何种茶水，三分钟内上茶，上茶由主宾开始，从客人右侧上茶，顺时针服务，茶水斟至八分满，不能溅出。

4.餐厅点酒水、加菜流程管理

点菜、点酒服务的作业流程如图 4-5 所示。

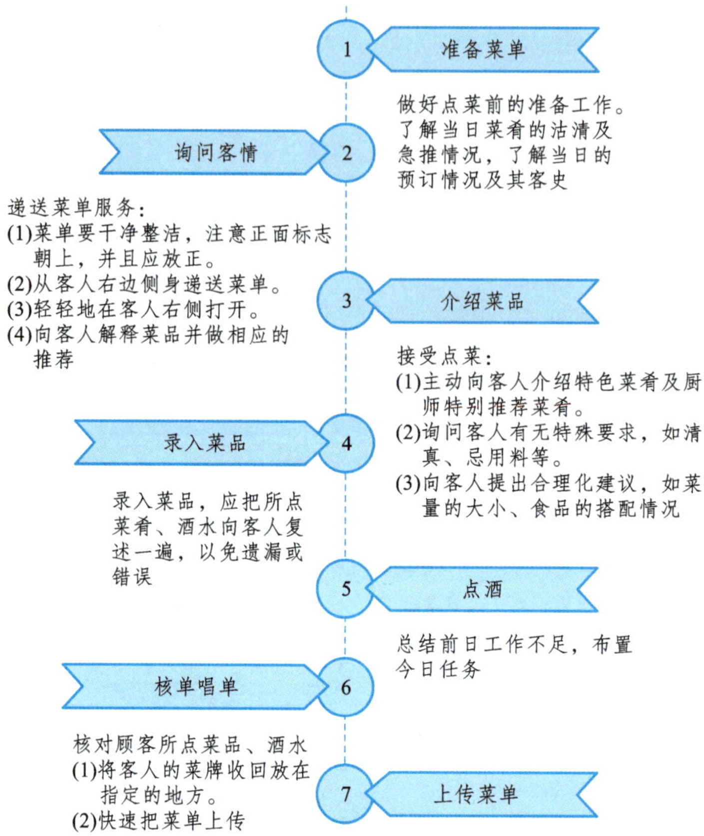

图 4-5　点菜、点酒服务的作业流程

（1）点酒水。

① 熟知酒水知识，善于观察客人的消费心理，合理地推荐酒水。

② 点酒水时应站在主人右侧身后一步左右，询问主人，耐心而亲切。

③ 对女士及儿童应主动询问是否需要软饮料或果汁。

（2）加菜、酒水及退菜。

席间服务的作业流程如图 4-6 所示。

① 当客人需要加菜时，服务员要先在客人桌上的单据上写上菜品名称；然后到吧台填写加菜单，注明下菜时间、桌号、年月日、工牌号，并划线封单，交由酒水吧员签字；后将二、三联递到划菜口。若需加酒水，直接到吧台填写酒水单，后待酒水吧员签字后将第三联拿到客人桌上，用订书机将酒水单订到客人桌上的单据上。

② 当客人需要退菜时，服务员要在菜单上将客人要退的菜名后边写上“退”字，然后到吧台填写退单。注意退菜原则：如因店方原因客人退菜时，必须经过客人的同意；如客人需要退菜时，必须由分单员到厨房询问是否已加工，并经厨房值班经理的同意。

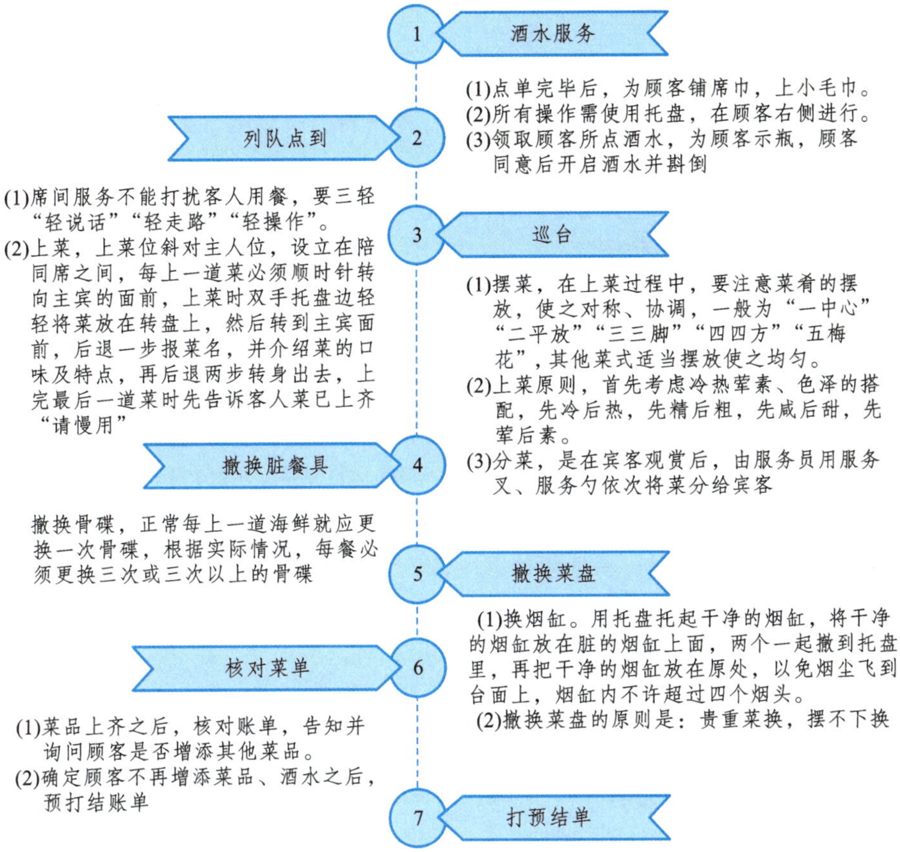

图 4-6　席间服务的作业流程

5. 餐中巡台流程管理

（1）撤换烟缸。

① 巡台时应使用托盘，托盘时用左手五指及掌根部位托住托盘的重心位置，上臂与下臂弯曲成 90°角，肘部与托盘靠近身体，行走时右臂摆动自如，头正身直、目视前方、面带微笑，轻松自然。

② 烟缸内烟头达两个时应立即更换，烟缸内不得多于三个烟头。

③ 先用一只干净的烟缸盖在用过的烟缸上，然后将两个烟缸一起撤下，避免烟灰飞出。

④ 另将干净的烟缸放于桌上。

（2）添加酒水。

① 杯中酒水少于 1/3 时应主动为客添加。

② 添加酒水时应将酒瓶的商标朝向客人。

③ 添加酒水时酒瓶距离杯口 2 cm，沿杯内壁缓缓加入。

④ 倒完酒时应将酒瓶瓶身旋转一下，使瓶口的酒液均匀地分布在瓶口，不至于滴落在餐桌上或客人身上。

（3）及时撤换骨碟。

① 骨碟内残渣达到 1/2 时应马上为客人更换。

② 若桌面有空餐盘，应同时撤下。

（4）拉椅服务。

① 客人起身离座、入座时要上前拉椅协助。

② 拉椅时应用双手扶住椅背，用膝盖顶住椅背将椅子挪出，不能在地上拖动。

（5）特殊服务。

① 如客人席间不慎将酒水或汤汁洒在桌上或身上，应马上帮客人清理，取一条口布将弄湿的桌布盖上。

② 如客人衣服被弄脏，应马上取干净的纸巾为客人擦拭，并询问客人是否需将脏衣物送洗衣房。

③ 如客人的筷子、餐具等掉在地上，应马上为客人更换。

④ 为用左手用餐的客人服务。当服务员观察到客人用左手用餐的习惯后，应马上调整餐位的摆台位置，将筷子、筷架、香巾等移到客人的左侧。服务员可用右手托住托盘、从客人的左侧服务。

⑤ 对儿童、生病的客人、有急事的客人，应分别按照其正确服务程序与标准来服务。

⑥ 按照正确的程序与方法处理客人的投诉与不满。

6. 餐厅翻台流程

（1）收撤已用餐具。

① 收拾脏口布、毛巾等，将椅子归位。

② 收拾玻璃器皿等易碎物品。

③ 收拾各种餐具及桌面垃圾。

④ 将大桌面上的转盘及转圈收起。

（2）铺换桌布。

① 所有桌布要求洁净且无破洞。

② 6 人以下桌的中小桌布。

站在桌前，将桌子对面桌布的一边向里拉起，盖住脏桌布，然后一边铺新桌布，一边将旧桌布收起。

③ 10 人桌以上的大桌布。

将脏桌布从四角向里卷起；铺新桌布时，用推拉式；站在桌前，将桌布对面的一边贴近桌面推送过去。

（3）摆放转盘。

① 10 人圆桌需摆放转盘。

② 先将桌子正中央摆上转芯垫板、转芯。

③ 在转芯上摆放转盘，要求位置居中，且旋转自如。

（4）摆台。按照餐厅摆台标准重新摆台。

7. 餐厅结账流程管理

结账作业流程如图 4-7 所示。

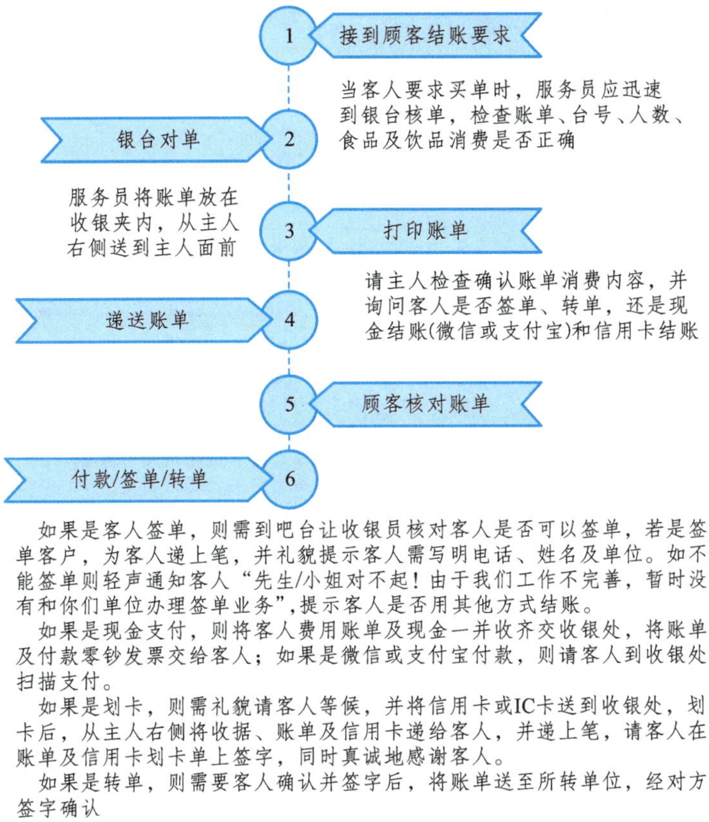

图 4-7　结账作业流程

（1）取账单。

① 客人提出结账以后，到收银处请收银员打印客人账单。

② 将账单与点菜单、酒水单仔细核对，确保没有漏项和错项。

（2）请客人过目账单。

① 将账单拿至客人餐桌前。行走过程中，账单应放于结账夹内，结账夹贴近身体，不能随意摆动。

② 从客人右侧为客人递上结账夹并打开。

③ 告知客人所消费的金额。

（3）代客结账。

① 询问客人结账方式，酒店可以接受的结账方式包括信用卡、现金、支票、住客挂账、单位挂账等。

② 根据客人的不同结账方式，请客人提供相应的证件、信用卡、现金等。

③ 到收银处为客付账，并请收银员为客开具发票。

④ 将发票、零钱或信用卡等交还客人。

⑤ 在不打扰客人的前提下，征求客人对就餐的意见。

⑥ 向客人礼貌致谢。

⑦ 如有几位客人同时结账，应按照顺序为客结账，并向等待的客人表示歉意，请其稍候。

8. 餐厅送客及处理客遗物品的流程

（1）提供打包服务。

餐后服务流程如图 4-8 所示。

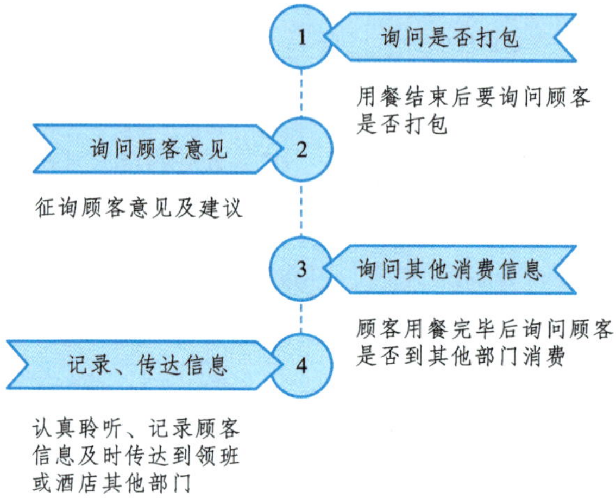

图 4-8　餐后服务流程

当客人就餐完毕，但餐桌上剩有较多菜品时应主动询问客人并提供打包服务；将食品分类装入打包盒内；系好打包袋，送给客人。

（2）拉椅送客。

送客作业流程如图 4-9 所示。

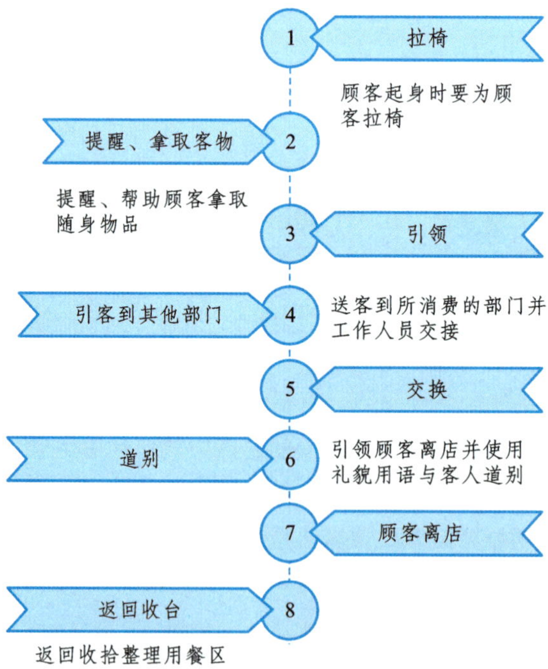

图 4-9　送客作业流程

① 客人起身离座时，主动上前拉椅送客，拉椅时双手扶住椅背上部，膝盖抵住椅背下部，轻轻向后移动。

② 帮客人取外套等衣物，提醒客人带好物品。

③ 向客人表示感谢并欢迎客人再次光临。

（3）客遗物品处理。

收餐复台作业流程如图 4-10 所示。

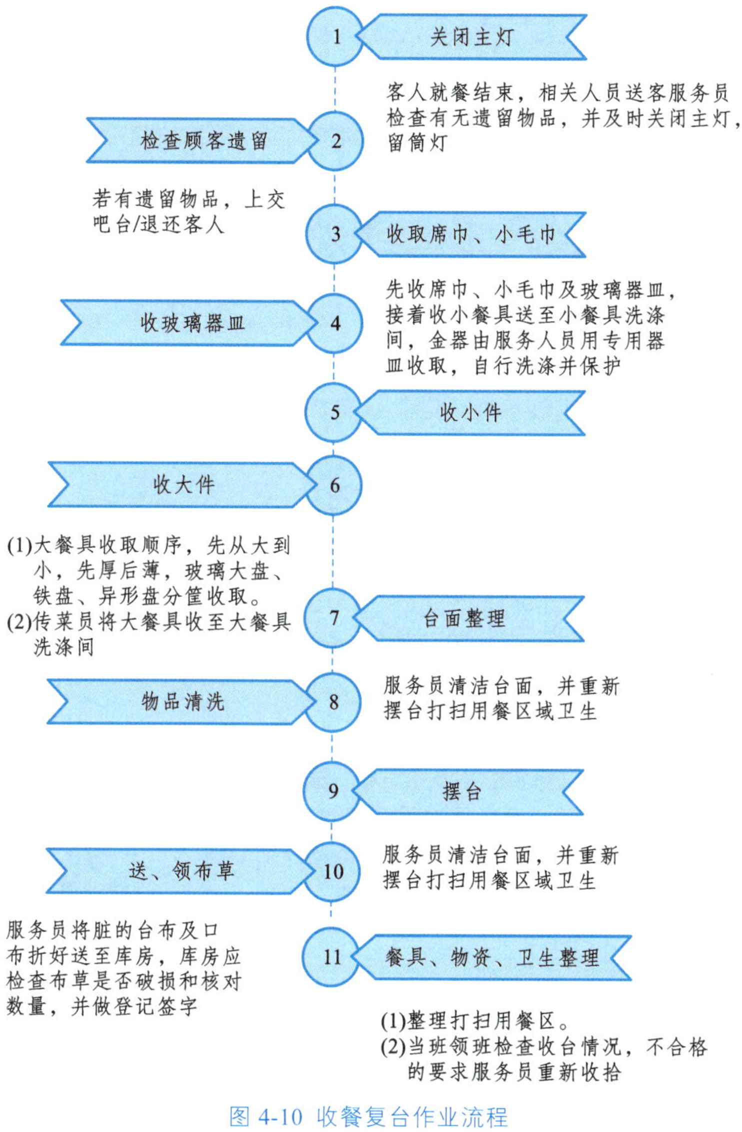

图 4-10 收餐复台作业流程

① 送客后再次检查桌面及周围有无客人遗留的物品。

② 如发现客人遗留物品，应马上寻找客人，在最短的时间内交还客人。

③ 将遗留物品归还客人时，应核对客人身份，确保是失主，并登记客人的有效证件。

④ 如无法找到遗失物品的主人，应将遗失物品送交前台收银处。

⑤ 清点物品，将情况详细填写在“客人遗留物品登记记录本”上。

9. 餐厅班后收档及交接班流程管理

闭餐的作业流程如图 4-11 所示。

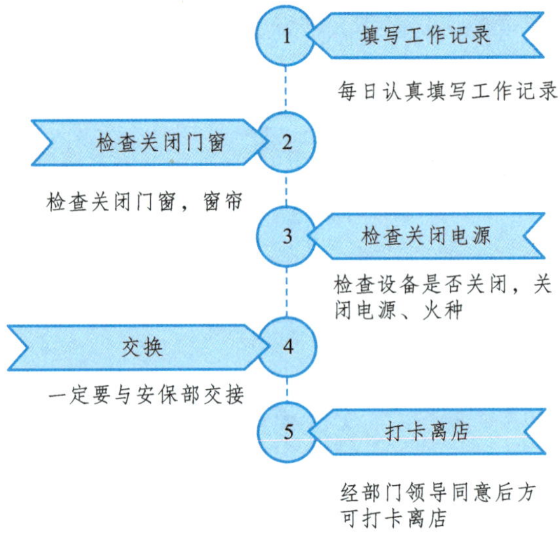

图 4-11　闭餐的作业流程

（1）班后卫生清洁。

① 清洁工作台、桌椅、酒水车及服务车的卫生。

② 按照“餐后卫生清洁表”，清洁各类餐具。

③ 填写“餐前餐后检查表”。

（2）补充易耗品。

按照餐厅物品备量表，补充备足各种餐具、布草、物品及易耗品。

（3）检查设备设施。

① 检查各类设备设施，确保无安全隐患。

② 关闭需停止运行的设备设施。

③ 必须立即报修，10 分钟内将“报修单”送至厅面领班。

（4）填写表格。

填写“宾客就餐信息反馈表”，记录客人的喜好和习惯。

10. 餐厅为儿童服务流程管理

（1）安排座位。

① 当有客人带领儿童来餐厅时，应马上为客人提供儿童椅。

② 扶住椅子，协助客人将儿童抱到儿童椅上。

③ 将儿童椅推到距离桌边合适的位置。

④ 将儿童椅固定好。

（2）调整餐具。

① 为客人摆放儿童使用的杯具或根据客人的需求摆放餐具。

② 将多余的餐具撤走。

（3）推荐饮品、食品。

① 为客人点饮料时，主动向客人推荐适合儿童口味的饮料，并准备吸管。

② 为客人点菜时，主动向客人推荐适合儿童口味的食品。

（4）为客人提供特殊的服务。

随时关注在餐厅内玩耍的儿童，劝阻其可能造成为危险的行为或打扰其他客人的行为，并通知其父母。若儿童哭闹不停，应协助家长安抚。

（三）餐厅基层督导工作要点

基层督导最便捷的管理方法就是采用表单管理，下面将基层督导一天之中的督导内容按分工以表单形式列出。

1. 厅面服务（见表 4-7～表 4-9）

表 4-7　餐前工作检查内容

检查内容	评价	检查内容	评价	检查内容	评价
招牌灯以及相关灯箱、灯光、电梯、空调是否按规定开启		门口相关水牌、POP（Point of Purchase）招贴画是否摆放、张贴符合规定		相关电源是否及时开启	
餐厅内所有设备是否检查，问题是否上报		书柜、报纸架上的书刊、报纸是否更新并放置正确		餐厅桌椅是否整齐划一摆放	
检查餐台上台号牌摆放是否正确齐全		备餐柜内餐具是否擦拭干净		台面相关物品是否摆放整齐，刀叉等是否按标准摆放	
牙签等相关物品是否补充并保持干净		地面卫生是否干净，无杂物、无油污		备餐柜内物品是否补充齐全	
沙发是否干净，并整理平整无皱		椅套是否干净，并整理平整无脱落		托盘是否干净并备好	
垃圾桶是否干净并摆放各处		餐厅地脚和边角卫生是否良好		绿色植物是否进行保养	
开水瓶是否保持干净并备有开水		是否了解当日急推和沽清品种		检查员工仪容仪表是否良好	
特别情况					

表 4-8　营业中工作检查内容

检查内容	评价	检查内容	评价	检查内容	评价
对进入自己区域的客人是否及时接待		是否保持良好的微笑		是否提醒客人注意看好自己的财物	
能否向顾客正确解释菜单		能否向顾客提建议，并进行适时推销		回答客人提问是否清脆、流利、悦耳	
推销、复单时是否清脆、流利、悦耳		与客人谈话是否保持礼貌		点完单后是否进行复述，并提示客人稍候	
是否迅速将所点单据传递到相关部门		是否马上根据菜单预先为客人准备好餐具和器皿		在尽力推销饮料后，是否为没有点饮料的客人们做好加水服务	

续表

检查内容	评价	检查内容	评价	检查内容	评价
对那些在等待中的客人，是否经常巡台随时注意客人需求		当客人招呼时是否迅速到达桌旁		是否给就座的客人及时上欢迎水杯	
对吸烟的客人是否及时上烟缸，并正确地更换烟缸		是否检查服务员开的点菜单有否错漏		处理投诉是否及时、是否按程序处理、处理的效果如何	
是否随时跟单，负责好自己所点的单的所有相关事务的处理，如催菜、加菜、结账等		上菜时是否迅速、安全，不掉以轻心		上菜时是否介绍菜名，当菜上齐时是否告知客人	
对于结账离桌的客人是否说欢迎下次光临		是否及时检查餐桌、餐椅及地面有无客人失落的物件		是否在客人走后及时进行清台、翻台	
是否及时发现营业区域地面的清洁问题并迅速进行清理					
特别情况					

表 4-9　收档工作检查内容

检查内容	评价	检查内容	评价	检查内容	评价
地面是否打扫干净		卡座的卫生是否完成		垃圾桶是否清理	
餐桌台面是否收拾干净		相关电源是否正确关闭		书柜、报纸架是否收拾整理	
门口是否按规定进行安全设置					
特别情况					

2. 厅面迎宾（见表 4-10 ~ 表 4-12）

表 4-10　餐前工作检查内容

检查内容	评价	检查内容	评价	检查内容	评价
相关餐牌是否备好，并时刻检查餐牌的完好状态		地垫是否保持干净，摆正		检查员工仪容仪表是否良好	
特别情况					

表 4-11　营业中工作检查内容

检查内容	评价	检查内容	评价	检查内容	评价
是否保持微笑、保持淡妆		手中是否有公司的相关菜谱		对进入预定区域的客人是否主动上前招呼	
招呼时是否稍稍鞠躬，并有眼神接触		对于能够协助客人的事情是否不遗余力		带客时是否走在客人前方 1 ~ 1.5 m	
带到位后，是否和服务员一起协助客人坐下，并让客人能马上拿到菜谱		是否按要求询问客人的相关登记手续是否办理		转身时是否太快，没有进行避免发生意外	
送客人时是否做到不是随意而为		是否在送客时展现了送客礼节		整个营业过程中是否及时注意到各个区域的客人上座率，灵活安排客人入座	
特别情况					

表 4-12　收市工作检查内容

检查内容	评价	检查内容	评价	检查内容	评价
本区域是否彻底打扫		地垫是否清洁，并拿到厅内		相关餐牌是否交到收银台或吧台	
门口是否按要求进行安全设置		相关电源是否正确关闭			
特别情况					

3. 厅面传菜（见表 4-13 ~ 表 4-15）

表 4-13　开市工作检查内容

检查内容	评价	检查内容	评价	检查内容	评价
传菜部地面、墙面是否干净、无污迹		传菜用具（托盘、抹布等）是否保持干净、齐全		划单笔是否备好	
传菜部相关器具（铁板盖、汤勺等）是否备好		沽清单是否及时提交给领班		小菜、调料是否备足	
检查员工仪容仪表是否良好					
特别情况					

表 4-14　营业中工作检查内容

检查内容	评价	检查内容	评价	检查内容	评价
是否对厨房所有出品进行质量监测		出菜、上菜时是否核对点菜单，准确无误		是否全面掌握下单时间、上菜时间，并及时配合服务员催菜	
调料、蘸料等是否与菜肴同时上桌		是否正确使用托盘传菜		传菜过程中遇到客人是否主动礼貌避让	
菜肴是否准确无误、迅速及时送达客人桌旁		是否清晰准确将台号及菜名告知服务员		特殊情况下是否协助服务员上桌	
营业中是否随时注意传菜间卫生		传菜过程中是否及时回答客人问询，协助服务员为客人服务		对中途沽清菜式，是否及时告知组长、服务员	
高峰期前后，是否外派传菜员协助服务组工作					
特别情况					

表 4-15　收市工作检查内容

检查内容	评价	检查内容	评价	检查内容	评价
托盘是否清洁干净		各种调料是否存放好		单据是否有专人核对，并做到准确无误	
相关器具是否收拾好		消毒柜内餐具是否协助整理补充		保洁柜是否全部关闭	
特别情况					

二、西餐服务流程管理

（一）认识西餐

西餐是相对于东亚国家而言的西方国家菜点的统称，广义上讲，也可以说是对西方餐饮文化的统称。这里的“西方”习惯上是指欧洲国家和地区，以及由这些国家和地区为主要移民的北美洲、南美洲和大洋洲的广大区域。

1. 西餐的特点

西餐的特点概括来讲就是：原料广泛、主料精选，菜色多样、摆设精致，鲜美香醇、老嫩讲究，餐具精致、礼仪讲究，工艺独特、设备考究，营养丰富、分菜健康。具体来说有以下几点：

（1）重视各类营养成分的搭配组合，充分考虑人体对各种营养和热量的需求。

（2）选料精细。

西餐菜肴大多数不宜烧得太熟，其加热的温度和时间往往达不到杀菌的标准，有的甚至是全生或半生品，如沙拉、牡蛎和牛、羊排。所以西餐选料精细，海鲜讲究新鲜、生猛。牛、羊肉常选择去皮去骨无脂肪的精肉，一般不食用动物内脏和无鳞鱼等。

（3）口味香醇。

西餐独特的调料、香料，使其口味香醇。常见的调料及香料有盐、胡椒、咖喱、芥末、番茄酱、丁香、薄荷叶、生姜、大蒜、桂皮等。西餐烹调时也常用酒和奶制品。

另外，沙司是西餐中一种重要的复合调味料，西餐的调味沙司与主料分开单独烹制。由于西餐菜肴在形态上以大块为主，烹调时不易入味，所以大都要在菜肴成熟后拌以或浇上沙司，使其口味更富特色。

（4）注重肉类菜肴烹制的老嫩程度。

欧美国家对肉类菜肴的老嫩程度很讲究，厨师一般按宾客要求烹制。烹制牛、羊肉一般有 5 种火候，分别如下。

① 一成熟（Rare）：表面焦黄，中间为红色，装盘后血水渗出。

② 三成熟（Medium Rare）：表面焦黄，外层呈粉红色，中心为红色，装盘不见血，但切开后断面有血流下。

③ 五成熟（Medium）：表面褐色，中间呈粉红色，切开后肉中流出的汁仍然见红。

④ 七成熟（Medium Well）：肉表深褐色，中间呈茶色，略见粉红色，切开后流出的汁水是白色的。

⑤ 全熟（Well Done）：表面焦黄，中间全部为茶色，肉中无汁水流出，肉硬度较高，不容易消化和咀嚼。

2. 西餐的主要菜系及特点

西餐大致可分为法式、英式、意式、俄式、美式、德式等几种，不同国家的人有着不同的饮食习惯。“法国人是夸奖着厨师的技艺吃，英国人注意着礼节吃，德国人考虑着营养吃，意大利人痛痛快快地吃……”这种说法非常形象地代表了西餐的不同特点。

（1）法式西餐。

法国人从不吝啬在吃上花钱，一向以善于吃并精于吃而闻名，他们对于菜肴的色泽、味道、外形以及营养成分的搭配都非常讲究。法国人十分喜爱吃奶酪、水果和各种新鲜蔬菜。法国菜口感细腻，酱料美味，餐具摆设精美，简直可称之为一种艺术。法式西餐在世界上占有突出的地位，是欧美西餐的公认代表。

法式菜肴的特点是：①选料广泛（如蜗牛、鹅肝都是法式菜肴中的食材），加工精细，烹调考究，滋味有浓有淡，花样品种多。②法式菜比较讲究吃半熟或生食，如牛排、羊腿以半熟鲜嫩为特点，海味的蚝也可生吃，烧野鸭一般六成熟即可食用等。③法式菜肴重视调味，调味品种类多样。④法式菜常用酒来调味，什么样的菜选用什么样的酒都有严格的规定，如清汤用葡萄酒、海味品用白兰地酒、甜品用各式甜酒或白兰地等。

法式菜肴的名菜有：焗蜗牛、马赛鱼羹、鹅肝排、巴黎龙虾、红酒山鸡、沙福罗鸡、鸡肝牛排、烤羊腿、普罗旺斯鱼汤、斯特拉斯堡奶油圆蛋糕等。

（2）英式西餐。

英国的饮食烹饪有家庭美肴之称。英国人比较重视餐饮礼节，生活讲究，口味清淡，油少不腻，量少而精，调味时较少用酒，调味品大都放在餐台上由客人自己选用。烹调讲究鲜嫩，口味清淡，选料注重海鲜及各式蔬菜，菜量要求少而精，注重营养。烹调方法多以蒸、煮、烧、熏见长。

英式菜肴的名菜有：鸡丁沙拉、烤大虾苏夫力、薯烩羊肉、烤羊马鞍、冬至布丁、明治排、炸鱼排、巧克力布丁等。

（3）意式西餐。

在罗马帝国时代，意大利曾是欧洲的政治、经济、文化中心，意式菜对整个欧洲的烹饪有很大的影响，其中面条、奶酪和萨拉米香肠闻名于世。

意式菜肴的特点是原汁原味，以味浓著称，烹调注重炸、熏等，以炒、煎、炸、烩等方法见长。意大利人喜爱面食，做法、吃法甚多。其制作面条有独到之处，各种形状、颜色、味道的面条至少有几十种，如字母形面条、贝壳形面条、实心面条、通心面条等。意大利人还喜食意式馄饨、意式饺子等。

意式菜肴的名菜有：通心粉素菜汤、焗馄饨、奶酪焗通心粉、肉末通心粉、比萨饼、意大利蔬菜汤、佛罗伦萨焗鱼、罗马鸡、提拉米苏等。

（4）美式西餐。

美式菜肴是在英国菜的基础上发展起来的，继承了英式菜肴简单、清淡的特点，口味咸中带甜。美国人一般对辣味不感兴趣，喜欢铁扒类的菜肴，常用水果作为配料与菜肴一起烹制（如菠萝焗火腿、苹果烤鸭），喜欢吃各种新鲜蔬菜和各式水果。

美式菜肴的名菜有：华尔道夫沙拉、烤火鸡、橘子烧野鸭、美式牛扒、马里兰炸鸡排、苹果沙拉、糖酱煎饼等。

（5）俄式西餐。

俄罗斯的烹饪技术受外界影响很大，其许多菜肴是由法国、意大利、奥地利和匈牙利等国传入，经与本国菜肴融合后形成了独特的俄罗斯菜。沙皇俄国时代的上层人士非常崇拜法国，贵族不仅以讲法语为荣，而且饮食和烹饪技术也主要学习法国，但经过多年的演变，逐渐形成了自己的烹调特色。俄罗斯人喜食热食，爱吃鱼肉、肉末、鸡蛋和蔬菜制成的小包子和肉饼等，各式各样的小吃颇有盛名。

俄式菜肴口味较重，喜欢用油，制作方法较为简单，口味以酸、甜、辣、咸为主，酸黄瓜、酸白菜往往是餐厅或家庭餐桌上的必备食品，烹调方法以烤、熏、腌为特色。俄式菜肴在西餐中影响较大，一些地处寒带的北欧国家人民和中欧南斯拉夫民族人民的日常生活习惯与俄罗斯人相似，大多喜欢腌制的各种鱼肉、熏肉、香肠、火腿以及酸菜、酸黄瓜等。

俄式菜肴的名菜有：什锦冷盘、鱼子酱、罗宋汤、酸黄瓜汤、冷苹果汤、红烩牛肉、鱼肉包子、黄油鸡卷等。

（6）德国西餐。

德国菜不像法国菜那样加工细腻，也不像英国菜那样清淡，在西餐中以经济实惠而著称。德国人是名副其实的“大块吃肉，大口喝酒”的民族。由于德国人偏好猪肉，因此大部分德国名菜都是猪肉制品。德国人对饮食并不讲究，喜欢水果、奶酪、香肠、酸菜、土豆等，不求浮华只求营养实惠。

德式菜肴的名菜有：柏林式炸猪排、红酒火腿、法兰克福香肠等。

3. 西餐的上菜顺序及名菜名点

西餐的上菜顺序一般为头盘→汤→沙拉→主菜→甜品→咖啡或茶。

（1）头盘（Appetizer）。

开胃头盘又称开胃菜、开胃品，是开餐的一道菜。头盘一般量较少，色泽鲜艳，装饰美观，多用清淡的海鲜、熟肉、蔬菜、水果制作，旨在开胃和刺激宾客的食欲。 开胃头盘有冷、热开胃头盘之分。

头盘代表菜有：鹅肝酱、鱼子酱、烟三文鱼、生蚝、牡蛎、海鲜鸡尾杯、串烧海虾、油炸云吞等。

（2）汤（Soup）。

与中餐不同的是，西餐的第二道菜就是汤。汤类在西餐中占有重要的地位，西方人的饮食习惯是在上热菜之前先喝汤。西餐汤类大都有丰富的鲜味物质和有机酸等，有刺激胃液分泌、增进食欲的作用。西餐汤的品种较多，可分为冷汤和热汤。热汤又有清汤和浓汤之分。西餐的汤要求原汤、原色、原味。

汤的代表菜有：法国洋葱汤、西班牙冻汤、意大利蔬菜汤、俄罗斯红菜汤、周打蚬汤、牛尾清汤。

（3）沙拉（Salad）。

沙拉是用各种凉透了的熟料或是可以直接食用的生料加工成较小的形状后，再加入调味品或浇上各种沙拉汁拌制而成。沙拉大都具有色泽鲜艳、外形美观、鲜嫩爽口、解腻开胃的特点。

沙拉按原料来分，可分为蔬菜沙拉、水果沙拉、海鲜沙拉和肉类沙拉。按进餐顺序来分，可分为开胃菜沙拉（前菜沙拉）、主菜沙拉、甜品沙拉（餐后沙拉）。著名的沙拉有：厨师沙拉、什锦沙拉、华尔道夫沙拉、苹果芹菜沙拉、鲜虾沙拉、洋葱沙拉等。酱汁对于沙拉非常重要，常用的沙拉汁有：蛋黄酱（Sauce Mayonnaise）、鸡尾汁（Sauce Cocktail）、油醋汁（Oil Vinegar）、法汁（French Dressing）、千岛汁（Thousand Island Dressing）、罗佛汁（Roquefort Cheese Dressing）。

（4）主菜（Main Course）。

主菜是西餐正餐中最重要的部分，制作讲究，既考虑菜肴的色、香、味、形，又考虑菜肴的营养价值，多用海鲜、牛羊、猪肉和禽类作为主原料。著名的主菜有：西冷牛排、T 骨牛排、肉眼牛排、爱尔兰烩羊肉、美式火鸡、马里兰炸鸡、烤羊马鞍、黄油鸡卷、蘑菇焗鳟鱼、苹果烤鹅、意式焖猪排、鞑靼牛排、巴黎龙虾等。

（5）甜品（Dessert）。

主菜过后是甜品。甜品包括奶酪和甜点。食用奶酪时要用胡椒和盐调味，并搭配黄油、面包、芹菜条、胡萝卜等。甜点有冷、热之分，常见有：煎饼（Pancake）、烤饼（Scone）、松饼（Muffin）、蛋糕（Cake）、派（Pie）、馅饼（Tart）、冰激凌（Ice Cream）、蛋奶酥（Souffle）、布丁（Pudding）、果冻（Jelly）等。

（6）咖啡或茶（Coffee or Tea）。

西餐最后是上咖啡或茶，上咖啡或茶时一般要搭配牛奶和糖。

常见的茶有：红茶（Black Tea）、绿茶（Green Tea）、伯爵茶（Earl Gray Tea）、薄荷茶（Peppermint Tea）等。

常见的咖啡有：爱尔兰咖啡（Irish Coffee）、皇室咖啡（Royal Coffee）、意大利特浓咖啡（Espresso）、意大利奶泡咖啡（Cappuccino）、冰咖啡（Iced Coffee）、现磨咖啡（Freshly Brewed Coffee）等。

4. 西餐菜品与酒水的搭配

西餐中的酒水，一共可以分为餐前酒、佐餐酒、餐后酒等三种。它们各自又拥有许多具体种类。总的来说，口味清淡的菜式与香味淡雅、色泽较浅的酒品相配，深色的肉禽类菜肴与香味浓郁的酒品相配，餐前选用旨在开胃的各式酒品，餐后选用各式甜酒以助消化。在西餐进餐过程中，饮用香槟酒佐餐是件令人愉快的事，而且它可以与任何种类的菜式相配。

（1）餐前酒。

餐前酒又称开胃酒。显而易见，它是在开始正式用餐前饮用，或在吃开胃菜时与之搭配的。在一般情况下，在西餐用餐前，很多西方客人喜爱饮用一杯具有开胃功能的酒品，如法国和意大利生产的味美思酒（Vermouth），也有饮用鸡尾酒作为餐前酒的，如血腥玛丽（Blood Mary）。

（2）佐餐酒。

① 开胃头盘。西方客人吃开胃头盘时要根据开胃头盘的具体内容选用酒水品种，如鱼子酱要用俄罗斯或波兰生产的伏特加酒（Vodka），虾味鸡尾杯则用白葡萄酒，口味选用干型或半干型。

② 汤类。不同的汤应配用不同的酒，如牛尾汤配雪利酒，蔬菜汤配干味白葡萄酒等。

③ 沙拉。与沙拉搭配的一般是口味清淡的白葡萄酒或开胃酒，具体要根据沙拉的内容选用酒水品种。

④ 鱼类及海味菜肴和肉类、禽类及各式野味菜肴。西餐里的佐餐酒均为葡萄酒，而且大多数是干葡萄酒或半干葡萄酒。在正餐或宴会上选择佐餐酒，有一条重要的讲究不可不知，即“白酒配白肉，红酒配红肉”。所谓的白肉，即鱼肉、海鲜、鸡肉，吃这类肉时，应配以白葡萄酒；所谓的红肉，即牛肉、羊肉、猪肉，吃这类肉时，应配以红葡萄酒。

⑤ 奶酪。吃奶酪时一般配用香味浓烈的白葡萄酒，有些品种的奶酪可配用波特酒。

⑥ 甜品。吃甜品时一般配用甜葡萄酒或葡萄汽酒，有德国莱茵白葡萄酒、法国的香槟酒等。

（3）餐后酒。

餐后酒指的是在用餐之后，用来以助消化的酒水。最常见的餐后酒是利口酒。

（二）认识西餐餐具

西餐餐具见表 4-16。

表 4-16 西餐餐具

西餐餐具名称			用途管理
银器类（Silverware）	咖啡壶（Coffee Pot）		在服务咖啡时使用
	洗手盅（Finger Bowl）		使用时将水大约盛置六分满，并在洗水盅里摆放两片柠檬片或花瓣
	田螺盘（Snail Plate）		是专门用来放置田螺的银盘，上有 6 个小孔。为了使田螺放在上面不易滑动，盘中有圆凹洞的特殊设计，以平稳放置带壳的田螺
	红酒篮（Red Wine Basket）		服务红葡萄酒时使用
	坚果架（Nut Holder）		服务各式坚果时使用
	汁船（Sauce Boat）		盛装各式调味汁
不锈钢餐具类（Stainless Sted Flatware）	刀类（Knife）	正餐刀（Dinner Knife）	主要是在食用主菜时使用
		扒刀（Steak Knife）	主要是在食用各类肉类食品时使用，如牛排、羊排等
		鱼刀（Fish Knife）	专用于所有热的鱼、虾、贝类等菜肴
		头盘刀（Salad Knife）	主要是在食用头盘、沙拉时使用
		黄油刀（Butter Knife）	放在面包盘上，供涂抹黄油之用。此为一种比点心刀还要的小餐刀，仅专用于切黄油与涂抹黄油
		甜品刀（Dessert Knife）	主要是在食用水果和甜品时使用
	叉类（Fork）	正餐叉（Dinner Fork）	食用主菜时与主餐刀搭配使用
		鱼叉（Fish Fork）	专用于有热的鱼、虾、贝类等菜肴，以及部分冷的鱼贝类
		头盘叉（Salad Fork）	主要是在食用头盘、沙拉时与头盘刀搭配使用
		甜品叉（Dessert Fork）	在食用开胃菜、水果、沙拉、奶酪及甜品时使用
		服务叉（Serving Fork）	用于取食大餐盘内的食品
	勺类（Spoon）	汤勺（Soup Spoon）	主要在喝汤时使用
		甜点勺（Dessert Spoon）	在食用意大利面时搭配餐叉一同使用，还可与甜品叉合用于食用甜品
		咖啡勺（Coffee Spoon）	使用于咖啡、茶、热巧克力、贝类、水果类开胃菜、葡萄柚以及冰激凌等餐点

续表

<table>
<tr><th colspan="3">西餐餐具名称</th><th>用途管理</th></tr>
<tr><td rowspan="15">不锈钢餐具类（Flatware）</td><td rowspan="3">勺类（Spoon）</td><td>特浓咖啡勺（Espresso Spoon）</td><td>饮用特浓咖啡时使用</td></tr>
<tr><td>冰激凌勺（Ice Cream Spoon）</td><td>食用冰激凌时使用</td></tr>
<tr><td>服务勺（Serving Spoon）</td><td>用于取食食品时使用</td></tr>
<tr><td rowspan="12">其他不锈钢餐具</td><td>蛋糕夹（Cake Tong）</td><td>在取用蛋糕等甜品时使用</td></tr>
<tr><td>蛋糕铲（Cake Server）</td><td>在取用蛋糕等甜品时使用</td></tr>
<tr><td>龙虾夹（Lobster Cracker）</td><td>食用龙虾时使用</td></tr>
<tr><td>龙虾叉（Lobster Fork）</td><td>食用龙虾时使用</td></tr>
<tr><td>牡蛎夹（Oyster Breaker）</td><td>食用牡蛎时使用</td></tr>
<tr><td>牡蛎叉（Oyster Fork）</td><td>食用牡蛎时使用</td></tr>
<tr><td>蜗牛钳（Snail Tong）</td><td>食用蜗牛时使用</td></tr>
<tr><td>蜗牛叉（Snail Fork）</td><td>食用蜗牛时使用</td></tr>
<tr><td>柠檬夹（Lemon Cracker）</td><td>食用柠檬时使用</td></tr>
<tr><td>服务夹（Serving Tong）</td><td>取用食品时使用</td></tr>
<tr><td>葡萄酒桶（Wine Bucket）</td><td>服务白葡萄酒、香槟酒、葡萄汽酒时使用</td></tr>
<tr><td rowspan="13">瓷器类（Chinaware）</td><td colspan="2">装饰盘（Show Plate）</td><td>西餐摆台时用于装饰作用</td></tr>
<tr><td colspan="2">主餐盘（Dinner Plate）</td><td>用于盛装主菜</td></tr>
<tr><td colspan="2">鱼盘（Fish Plate）</td><td>用于盛装各类鱼、海鲜等食品</td></tr>
<tr><td colspan="2">沙拉盘（Salad Plate）</td><td>用于盛装各类沙拉、头盘</td></tr>
<tr><td colspan="2">甜品盘（Dessert Plate）</td><td>用于盛装各类甜品</td></tr>
<tr><td colspan="2">双耳汤杯（Soup Cup）</td><td>用于盛装各类汤品</td></tr>
<tr><td colspan="2">汤杯垫碟（Soup Cup Saucer）</td><td>用于放置双耳汤杯</td></tr>
<tr><td colspan="2">汤盘（Soup Plate）</td><td>用于盛装各类汤品</td></tr>
<tr><td colspan="2">面包碟（Side Plate）</td><td>用于盛装面包</td></tr>
<tr><td colspan="2">咖啡杯（Coffee Cup）</td><td>用于盛装咖啡</td></tr>
<tr><td colspan="2">咖啡碟（Coffer Cup Saucer）</td><td>用于放置咖啡杯</td></tr>
<tr><td colspan="2">特浓咖啡杯（Espresso Cup）</td><td>用于盛装特浓咖啡</td></tr>
</table>

续表

西餐餐具名称		用途管理
瓷器类（Chinaware）	特浓咖啡杯托（Espresso Cup Saucer）	用于放置特浓咖啡杯
	奶缸（Milk Jug）	用于盛装服务咖啡及红茶时的牛奶
	糖缸（Sugar Basin）	用于盛装服务咖啡及红茶时的糖
	英式茶壶（Tea Pot）	用于盛装英式红茶
	盐瓶（Salt Shaker）	用于盛装调味品盐
	胡椒瓶（Pepper Shaker）	用于盛装调味品胡椒粉
	烟灰缸（Ashtray）	服务客人吸烟时使用
	花瓶（Flower Vase）	用于插放餐桌装饰用鲜花
	麦片碗（Cereal Bowl）	用于盛装麦片粥
	水果盘（Fruit Plate）	用于盛装水果
	鸡蛋盅（Egg Cup）	用于盛装整只鸡蛋
玻璃器皿类（Glassware）	水杯（Goblet）	用于盛装冰水和矿泉水
	白葡萄酒杯（White Wine Glass）	高脚杯，杯身细而长，用于盛装白葡萄酒
	红葡萄酒杯（Red Wine Glass）	高脚杯，杯身细而长，用于盛装红葡萄酒
	香槟杯（Champagne）	用于盛装香槟酒、葡萄汽酒。香槟杯有三种形状，蝶形（Saucer）、笛形（Flute）和郁金香形（Tulip）
	甜酒杯（Liqueur Glass）	用于盛装利口酒和餐后甜酒
	海波杯（Highball）	用于盛装各种软饮料及果汁
	白兰地杯（Snifter）	用于盛装白兰地
	古典杯（Old Fashioned Glass）	杯身宽而短，用于盛装加冰的烈性酒和古典鸡尾酒
	鸡尾酒杯（Cocktail Glass）	用于盛装短饮鸡尾酒
	爱尔兰咖啡杯（Irish Coffee Glass）	用于盛装爱尔兰咖啡
	醒酒瓶（Decanter）	用于服务红葡萄酒
	雪莉杯（Sherry Glass）	用于盛装雪莉酒，为较小的高脚杯，杯身细而窄
	波特杯（Port Glass）	用于盛装波特酒，容量较小，形状像红葡萄酒杯
	水扎（Water Jug）	用于盛装冰水
其他	面包篮（Bread Basket）	用于盛装各式面包

（三）认识西餐服务方式

西餐服务源于欧洲贵族家庭，经多年的演变，形成了各国各地区不尽相同的服务方式。目前常见的服务方式有法式服务、俄式服务、美式服务、英式服务、大陆式服务（综合式服务）及自助餐服务等。

1. 法式服务

法式服务又称里兹服务。它是西餐服务方式中最豪华、最讲究、最细致和最周密的一种服务方式。通常，法式服务用于法国餐厅，即扒房。法国餐厅装饰豪华、高雅，以欧洲宫殿式为特色，餐具常采用高质量的瓷器和银器，酒具常采用水晶杯。通常采用手推车或旁桌现场为顾客加热和调味菜肴及切割菜肴等服务。在法式服务中，服务台的准备工作很重要。通常在营业前做好服务台的一切准备工作。一般由两名服务员共同为一桌客人服务，一名为资深服务员，相当于厨师，主要负责接收客人点菜，菜肴的烹制、切割和装盘；另一名为服务员助手，协助资深服务员将客人所点餐单送到厨房、取菜、上菜和撤盘等。

（1）法式服务特点。

① 服务周到，每位顾客都能得到充分的照顾，注重服务程序和礼节礼貌。

② 注重服务表演，注重吸引客人的注意力，客前烹制可以烘托就餐气氛。

③ 服务的客人人数较少，所需服务空间较大，花费较大，服务节奏慢、时间长。餐厅利用率和餐位周转率都比较低。

（2）法式服务规则。

① 所有食品采取右上右撤的原则。

② 色拉、面包、黄油采取左上左撤的原则。

（3）法式服务方法。

① 法式服务的摆台。

法式服务的摆台要在餐桌上先铺上海绵桌垫，再铺上桌布，这样可以防止桌布与餐桌间的滑动，也可以减少餐具与餐桌之间的碰撞声。摆装饰盘时，装饰盘常采用高级的瓷器或银器等。将装饰盘的中线对准餐椅的中线，装饰盘距离餐桌边缘 1 ~ 2 cm。装饰盘的上面放餐巾。装饰盘的左边放餐叉，餐叉的左边放面包盘，面包盘上放黄油刀。装饰盘的右边放餐刀，刀刃朝向左方，餐刀的右边常放一个汤匙。餐刀的上方放各种酒杯和水杯。

② 传统的法式服务。

传统的法式服务是一种最周到的服务方式，由两名服务员共同为一桌客人服务。其中一名为经验丰富的正服务员，另一名是助理服务员，也可称为服务员助手。服务员请顾客入座，接受顾客点菜，为顾客斟酒上饮料，在顾客面前烹制菜肴，为菜肴调味，分割菜肴，装盘，递送账单等。助理服务员帮助正服务员现场烹调，把装好菜肴的餐盘送到客人面前，撤餐具和收拾餐台等。

③ 上汤服务。

当客人点汤后，助理服务员用银盆盛汤端进餐厅，然后把汤置于熟调炉上加热和调味，其加工的汤一定要比客人需要的量多些，以方便服务。当助理服务员把热汤端给客人时，应将汤盘置于垫盘的上方，并使用一条叠成正方形的餐巾，这条餐巾能使服务员端盘时不烫手，同时可以避免服务员把大拇指压在垫盘的上面。由正服务员从银盆用大汤匙将汤装入顾客的汤盘后，再由助理服务员在客人的右侧用右手进行服务。

④ 主菜服务。

主菜的服务与汤的服务大致相同，正服务员将现场烹调的菜肴，分别盛入每一位客人的主菜盘内，然后由助理服务员端给客人。如正服务员为顾客服务牛排时，助理服务员从厨房端出烹调半熟的牛肉、马铃薯及蔬菜等，由正服务员在客人面前调配佐料，把牛肉再加热烹调，然后切肉并将其放在餐盘中，正服务员这时应注意客人的需求，看他需要多大的牛排。同时，配上沙拉时，服务员应当在客人左侧用左手将沙拉放在餐桌上。

2. 俄式服务

俄式服务又称银盘服务。俄式服务与法式服务在很多方面有相似之处，它同样非常地正规和讲究，客人也能得到相当多的服务，台面的摆设也与法式服务如出一辙。但是，它的服务方法不同于法式，俄式服务讲究优美文雅，将装盘整齐且美观的菜肴的大浅盘端给所有顾客过目，让顾客欣赏厨师的装饰和手艺的同时也刺激了顾客的食欲。俄式服务中，每一个餐桌只需要一个服务员，服务的方式简单快速，服务时不需要较大的空间，因此，它的效率和餐厅空间的利用率都比较高。由于俄式服务使用了大量的银器，并且服务员将菜肴分给每一个顾客，使每一位顾客都能得到尊重和较周到的服务，因此也增添了餐厅的气氛。

（1）俄式服务特点。

① 服务效率较高。

② 服务成本相对法式服务较低。

③ 服务空间占用较小。

④ 银盘投资较大。

⑤ 最后一位客人挑选菜肴的余地较小。

⑥ 俄式服务已成为宴会服务中不可缺少的、深受客人欢迎的一种服务方式。

（2）俄式服务规则。

① 所有食品在厨房准备。

② 分菜前先将空盘从客人右侧摆放在每位客人面前。

③ 分菜从客人左侧逆时针进行。

（3）俄式服务的方法。

① 分发餐盘。

服务员先从客人右侧用右手送上相应的空盘、开胃菜盘、主菜盘、甜品盘等。注意冷菜上冷盘，即未加热的餐盘；热菜上热盘，即加热过的餐盘，以便保持食物的温度。上空盘依照顺时针方向操作。

② 运送菜肴。

菜肴在厨房全部制熟，每桌的每一道菜肴放在一个大浅盘中，然后服务员从厨房中将装好菜肴的大银盘用肩托的方法送到顾客餐桌旁。热菜盖上盖子，服务员站立于客人餐桌旁。

③ 分发菜肴。

服务员用左手以胸前托盘的方法，用右手操作服务叉和服务匙从客人的左侧分菜。分菜时按逆时针方向进行。斟酒、斟饮料和撤盘都在客人右侧进行。

（4）分菜注意事项。

① 先女后男，先宾后主。

② 服务员侧身站在客人左侧，左腿在前，右腿在后，分菜盘与客人面前的盘子边缘交错，以免汤汁滴落在桌子上。

③ 分菜时服务员要面带微笑。

④ 要注意菜肴在客人餐盘中的布局。

3. 英式服务

英式服务又称家庭式服务。由主人将整块食物亲自动手切片装盘，并配上蔬菜，服务员把装盘的菜肴依次端送给每一个人。调味品、沙司和配菜都摆放在餐桌上，由客人自取或相互传递。英式服务的家庭气氛很浓，许多服务工作由客人自己动手，用餐的节奏较缓慢。

（1）英式服务特点。

① 气氛比较活跃。

② 节省人力。

③ 节奏较慢。

（2）英式服务规则。

服务员将厨房做好的食物盛在大盘中放在男主人的面前，由男主人进行分菜，然后将餐盘递给服务员，再由服务员将餐盘递给女主人、主宾和其他宾客。

阅读资料——英式下午茶（Afternoon Tea）

下午 3 点到 5 点半之间是英国人最喜爱的下午茶时间，人们在这个时间享用茶、小点心、三明治和糕点等美食，在优雅的氛围里让人们感受到心灵的祥和与家庭式的温暖。下午茶通常会使用红茶作为主要的茶，红茶浓郁的口味和深红的颜色，适合搭配各种点心和糕点。

正统的英式下午茶的点心是用三层点心瓷盘装盛：第一层放三明治，第二层放传统英式点心司康，第三层则放蛋糕及水果塔，由下往上吃。至于司康的吃法是先涂果酱，再涂奶油，吃完一口，再涂下一口。

4. 美式服务

美式服务又称盘子服务。客人所点菜肴由厨师在厨房按客人人数烹制装盘，每人一份，服务员直接端给客人。美式服务是一种简单和快捷的餐饮服务方式，一名服务员可以服务多个餐台。美式服务简单，速度快，餐具和人工成本都比较低，空间利用率及餐位周转率都比较高。美式服务是西餐零点和西餐宴会理想的服务方式，广泛用于咖啡厅和西餐宴会厅。

（1）美式服务特点。

① 服务简单明了。

② 服务速度快。

③ 餐具成本及人力成本低。

④ 用餐费用低。

⑤ 缺乏表演性及餐厅气氛。

（2）美式服务规则。

服务员在上菜时坚持右上右撤的原则。

5. 大陆式服务

大陆式服务又称综合式服务，是一种融合了法式、俄式及美式的综合服务方式，也是当前西餐服务中普遍采用的一种服务方式。它是根据一套菜单中每道菜的特点选用不同的服务方式。不同的餐厅选用的服务方式组合也不同，这与餐厅的种类和特色、客人的消费水平、餐厅的销售方式有着密切的联系。

（1）大陆式服务的特点。

不同的餐厅选择的服务方式组合不同，一般以方便客人就餐，方便服务人员服务为主要原则。

（2）大陆式服务规则。

通常用美式服务上开胃菜和沙拉，用俄式服务上汤和前菜，用法式服务上主菜或甜点。

6. 自助餐服务

自助餐服务是把事先准备好的菜肴摆在餐台上，客人进入餐厅后自己动手选择符合自己口味的菜点，然后拿到餐桌上用餐。这种用餐方式称为自助餐。餐厅服务员的工作主要是餐前布置，餐中撤掉用过的餐具和酒杯，补充餐台上的菜肴等。

（四）咖啡厅服务

早期的咖啡厅是供宾客饮用咖啡的地方。由于社会的发展，咖啡厅逐渐成了人们工作之余稍作休息的场所。咖啡厅除提供快餐和小吃外，还供应正餐。由于全天 18 ~ 24 小时的服务，很多酒店的客房送餐也归在咖啡厅，它是酒店餐饮部不可缺少的一个重要组成部分。咖啡厅装饰布置主题鲜明，简洁明快，色泽鲜艳，气氛轻松惬意，具有欧美特色，一般采用美式服务，服务迅速周到，座位周转率高，菜肴简单、轻巧，形式多样、柔和，价格适中。

1. 咖啡厅早餐服务

由于咖啡厅服务快捷，食品种类多且容易烹制，所以为节省时间，许多宾客都愿到咖啡厅享用早餐。咖啡厅提供的早餐一般为散餐和套餐。早餐的散餐内容有果汁类、水果类、谷麦类、鸡蛋类、肉类、面包类、热饮类等。

早餐套餐可分为以下几种。

（1）欧陆式早餐（The Continental Breakfast）。

欧陆式早餐也称为标准早餐。其内容简单，主要有如下几种。

① 果汁类：一般有橙汁（Orange Juice）、菠萝汁（Pineapple Juice）、番茄汁（Tomato Juice）、苹果汁（Apple Juice）、西柚汁（Grapefruit Juice）等，客人可任选一种。果汁一

般采用新鲜水果榨汁，也可采用听（罐或瓶）装果汁。

② 面包类：一般有土司（Toast）、牛角包（Croissant）、丹麦包（Danish Bread）、小松包（Muffin）、软包（Soft Roll）、硬包（Hard Roll）、全麦包（Whole Wheat Bread）等种类供客人选择。上面包时配上黄油（Butter）或果酱（Jam）。常见的果酱有苹果酱（Apple Jam）和橘子酱（Marmalade）等。

③ 饮料类：一般有咖啡（Coffee）、茶（Tea）、牛奶（Milk）、热巧克力（Hot Chocolate）、酸奶（Yogurt）等。上咖啡和茶时要配上牛奶和糖。

④ 水果类：一般为时令水果盘（Fresh Seasonal Fruit Platter）。

（2）美式早餐（The American Breakfast）。

美式早餐比欧陆式早餐复杂，除欧陆式早餐的内容外，还包括如下几种。

① 谷物类：一般有燕麦片（Oatmeal）、玉米片（Cornflakcs）、卜卜米（Rice Crispy）等。通常加水和牛奶煮成粥类食品。

② 蛋类：

a. 煎蛋（Fried Egg）：它可分为单面煎蛋（Sunny-Side Up）和双面煎蛋（Turn-over）。双面煎又可分为双面煎嫩蛋（Turn-Over Easy）和双面煎老蛋（Turn-Over Hard），其区别是蛋黄是否凝固。

b. 煮蛋（Boiled Egg）：煮蛋一般因客人的要求不同而老嫩不一。煮制 2～3 分钟的为嫩蛋，5～7 分钟的为老蛋。所以客人点煮蛋时应问清煮制时间。煮蛋应放在蛋盅内奉客，同时送上垫碟和咖啡勺。

c. 炒蛋（Scrambled Egg）：炒蛋是鸡蛋熟但无凝结的蛋块，炒蛋时一般应加少许牛奶调匀，以确保成品质量。炒蛋通常放在烤面包上提供给客人，也可直接装盘。

d. 水波蛋（Poached Egg）：水波蛋与我国一些地区的“糖氽蛋”类似，先将鸡蛋打入碗中，轻轻倒入加了少量盐和白醋的沸水锅内煮制 2～3 分钟后捞出沥干水分，放在烤面包上装盘，服务时搭配糖浆或蜂蜜。

e. 蛋卷（Omelet）：蛋卷又称奄列蛋，是将蛋液倒入放了少许油但油温较高的煎锅内摊成饼形，再加入不同原料后卷成梭子形。加入的原料主要有番茄（Tomato）、洋葱（Onion）、橄榄（Olive）、烟肉（Bacon）、火腿（Ham）、香肠（Sausage）等。客人点蛋卷时要问清所要加入的原料。上蛋卷时一般要配上番茄酱。

③肉类：一般有火腿（Ham）、香肠（Sausage）、烟肉（Bacon）三种。上菜前应在油锅中略煎一下，通常与蛋类一起装盘。

（3）英式早餐（The English Breakfast）。

英式早餐一般出现在零点餐厅，其内容丰富且数量充足，包括果汁或水果、面包类（配黄油、蜂蜜）、冷或热的谷物类食物、鸡蛋或鱼类、肉类、咖啡、茶或可可。

（4）行政式早餐（The Executive Breakfast）。

除美式早餐的内容外，可另点菜和扒类。

（5）日式早餐（The Japanese Breakfast）。

日式早餐包括：时令水果、海鲜类、日式泡菜、味噌汤，日式绿茶等。

2. 早餐服务程序

（1）餐前准备。

①准备工作。

a. 准备好摆台用具，包括刀、叉、勺、咖啡杯、咖啡碟、咖啡勺、面包碟、黄油刀、花瓶、烟灰缸、椒盐瓶、糖缸、奶缸、餐巾等。

b. 准备好服务用具，包括菜单、点菜单、笔、托盘、果汁杯等。

c. 准备好果汁（注意需冷藏），煮好咖啡（注意保温），备好充足的黄油、果酱、糖、牛奶等。

② 摆台。

按标准要求进行摆台。铺上桌布，摆放折好的餐巾，餐巾的左边放餐叉，餐叉的左边放面包盘，面包盘上放黄油刀。餐巾的右边放餐刀，刀刃朝向左方。餐刀的右边摆放汤勺。最后摆放椒盐瓶、烟灰缸、花瓶、烛台。

③ 检查。

检查餐厅设施设备、环境卫生、空调温度，检查桌椅是否整齐，检查摆台是否规范，检查背景音乐，检查个人仪容仪表是否标准等。

（2）餐中服务。

① 迎宾服务。

看到客人，迎宾员应主动、礼貌地问候客人，并面带微笑，注意目光接触。引领客人进入餐厅时，询问客人是否需要吸烟区或非吸烟区，为客人安排合适的餐桌并拉椅让座。

② 点单服务。

客人入座后，值台服务员上前问好并递上打开的菜单，从客人右侧为其铺上餐巾。记录客人所点菜品，客人若点鸡蛋，应问清制作方法和老嫩程度，在点菜单上注明，并重复叙述客人的点单后，将点菜单送至厨房和收银台。

③ 菜品服务。

根据客人所点菜品补充餐具。从客人右侧服务果汁、咖啡或茶，从左侧送上面包、黄油和果酱。依次从客人右侧服务谷类食品、肉类和鸡蛋。

细节管理

服务菜名时，要服务迅速、技艺娴熟，熟记本餐厅提供的早餐种类，注意问清客人的特殊要求。注意面包要新鲜。

④ 结账服务。

提前准备好账单，检查是否无误，待客人用餐完毕后，送上账单，询问满意度并感谢客人。

⑤ 送客服务。

客人起身为其主动拉椅，感谢客人并祝客人愉快。

（3）餐后服务。

客人离开后，迅速整理桌椅、清理台面，同时检查有无客人遗留物品。重新摆台，准备迎接下批客人。

3. 咖啡厅零点服务程序

零点服务包括午餐和晚餐，用餐内容复杂，服务技术要求高。

（1）餐前准备。

① 准备餐具用具。

a. 不锈钢类：主要有头盘刀、头盘叉、汤匙、鱼刀、鱼叉、主餐刀、主餐叉、牛排刀、黄油刀、甜品叉、甜品勺、水果刀、水果叉、咖啡勺、服务叉、服务勺等。

b. 瓷器类：主要有各种规格的餐盘、面包碟、咖啡杯、咖啡碟、椒盐瓶、牙签筒、烟灰缸、花瓶等。

c. 杯具：主要有水杯、红葡萄酒杯、白葡萄酒杯、香槟杯、鸡尾酒杯、利口酒杯、啤酒杯等。

d. 服务用具：主要有托盘、菜单、酒水单、开瓶器、红酒篮、冰桶、火柴、洗手盅、餐巾纸等。

e. 酒水饮料：备好各种酒水饮料、香烟、雪茄、冰水等。

② 摆台。

按标准要求摆台。铺上桌布，摆放折好的餐巾，餐巾的左边放餐叉，餐叉的左边放面包盘，面包盘上放黄油刀，餐巾的右边放餐刀，刀刃朝向左方，餐刀的右边摆放汤勺，餐刀的上方摆放水杯，最后摆放椒盐瓶、烟灰缸、花瓶、烛台。

③ 检查。

检查餐厅设施设备、环境卫生、空调温度，检查桌椅是否整齐，检查摆台是否规范，检查背景音乐，检查面包的黄油是否备好，检查个人仪容仪表是否标准等。

（2）餐中服务。

① 迎宾服务。

看到客人，迎宾员应主动、礼貌地问候客人，并面带微笑，注意目光接触。引领客人进入餐厅时，询问客人是否有预订。如有预订，询问客人姓名及联系方式等，引领客人至预先安排好的餐桌；如无预订，询问客人用餐人数及是否需要吸烟区或非吸烟区，为客人安排合适的餐桌并拉椅让座。

② 点单服务。

客人入座后，值台服务员上前问好并递上打开的菜单，从客人右侧为其铺上餐巾。为客人递上酒水单，做相应的介绍和推荐，记录客人所点酒水并重复叙述客人的点单。为客人点菜时，做相应的介绍和推荐，记录客人所点菜品并重复叙述客人的点单，记录客人特殊要求，如牛排制作的成熟度。将酒水单送至吧台和收银台，将点菜单送至厨房和收银台。

③ 酒水服务。

根据客人所点酒水，到吧台领取并准备相应的服务用具及酒杯。为客人服务酒水，遵循先女士后男士，先宾后主的原则从客人右侧服务。

④ 菜品服务。

根据客人所点菜品补充餐具。从客人右侧服务各类菜品，左侧送上面包、黄油。从客人右侧依次服务开胃菜、汤、沙拉、主菜、甜品、咖啡或茶。

⑤ 结账服务。

提前准备好账单，检查是否无误，待客人用餐完毕后，送上账单，询问满意度并感谢客人。

⑥ 送客服务。

客人起身为其主动拉椅，礼貌道别，感谢客人并祝客人愉快。

细节管理

熟悉本餐厅每日套餐的内容和特色，适时推荐。

点菜时，使用宾客座位示意图，注意宾客对菜肴的特殊要求。

注意菜肴与酒水的搭配，适时推销酒水。

服务甜品前应撤走除酒杯外的所有餐具，摆上甜品叉勺。

为一桌宾客点完菜后，须问清是分开付账还是一起付账，以便收银时准确制作账单。

要勤巡台，及时为宾客添酒、水、黄油、面包，换烟盅，收撤空酒杯等。

服务迅速敏捷，细致周到。

（3）餐后服务。

客人离开后，迅速整理桌椅，清理台面，同时检查有无客人遗留物品。重新摆台，准备迎接下批客人。操作要轻，避免影响其他客人。

（五）西餐宴会流程

西餐宴会是一种按西方国家礼节习俗举办的宴会。西餐宴会摆台正式规范，菜品丰富，服务讲究程序和规范，讲究食品与酒水的搭配，有较高的礼仪要求，注重就餐的环境和氛围。

1. 西餐宴会前的组织准备工作

（1）掌握宴会情况。

宴会前，应详细了解宴会的人数、标准、台形设计、主宾身份、举办单位或个人，以及付款方式、特殊要求、菜单内容、酒水内容和服务要求等。

（2）布置宴会厅。

西餐宴会厅的环境布置应具有欧美文化艺术特点，如挂油画、设壁炉等。同时布置各种绿色植物，准备好背景音乐。根据宴会规模，宴会厅形状及宴会主办者的要求灵活设计台形。

（3）西餐宴会的台形主要有以下几种常见形式。

① “一”字形长台：“一”字形长台通常设在宴会厅的正中央，与宴会厅四周的距离应留有较充分的位置，以便于服务员操作。

② “U”字形台：“U”字形台又称马蹄形台，一般要求横向长度应比竖向长度略短。

③ “E”字形台：“E”字形台的三翼长度应相等，竖向长度应比横向长度略长。

④ “回”字形台：“回”字形台一般设在宴会厅的中央，是一个中空的台形。

此外，还有“T”字形台、鱼骨形台、星形台等。目前许多西餐宴会也使用中餐的圆桌来设计台形。

（4）席位安排。

① 西餐席位安排一般为面门为上，面对门的位子则是上位，由最重要的客人坐。宴会主人坐背对门的位置。

② 长形桌排列时，男女主人分坐两头，门边男主人，另一端女主人，男主人右手边是女主宾，女主人右手边是男主宾，其余依序排列。

③ 桌子是“T”字形或“U”字形排列时，横排中央位置是男女主人位，身旁两边分别为男女主宾座位，其余依序排列。

④ 西餐排座位时，通常男女间隔而坐，用意是男士可以随时为身边的女士服务。

⑤ 西餐宴会也使用席位卡，一般需要中英文。

（5）准备餐具用具。

① 不锈钢类：主要有头盘刀、头盘叉、汤匙、鱼刀、鱼叉、主餐刀、主餐叉、黄油刀、甜品叉、甜品勺、水果刀、水果叉、咖啡勺、服务叉、服务勺等。

② 瓷器类：主要有装饰盘、面包碟、咖啡杯、咖啡碟、椒盐瓶、牙签筒、烟灰缸、花瓶等。

③ 杯具：主要有水杯、红葡萄酒杯、白葡萄酒杯、香槟杯、鸡尾酒杯、利口酒杯等，应根据宴会客人所选用的酒类而定。

④ 布草类：主要有台布、餐巾、桌裙、净布等。

⑤ 服务用具：主要有托盘、开瓶器、席位卡、冰桶、烛台、蜡烛、火柴、洗手盅、餐巾纸等。

（6）宴会摆台。

铺上桌布，摆装饰盘，装饰盘常采用高级的瓷器或银器等。将装饰盘的中线对准餐椅的中线，装饰盘距离餐桌边缘 1～2 cm。装饰盘的上面放餐巾。装饰盘的左边放餐叉，餐叉的左边放面包盘，面包盘上放黄油刀。装饰盘的右边放主餐刀，刀刃朝向左方。根据宴会菜单每用一道菜，更换一套餐具，不同的菜式摆上不同的刀叉餐具，不同的菜跟上不同的酒及酒杯，最后摆放椒盐瓶、烟灰缸、花瓶、烛台、菜单。

（7）准备酒水饮料。

一般在宴会厅一侧设置吧台（或固定，或临时）。吧台内备齐本次宴会所需的各种酒水饮料及酒水服务用具，如调酒壶、酒篮、冰桶、开瓶器等。吧台内安排 1～2 名酒水员负责服务。

（8）服务面包、黄油。

在宾客到达前 5 分钟，摆放黄油、面包。所有客人的面包、黄油种类和数量都应是一致的。

（9）服务水。

摆放完面包、黄油后，为客人斟倒水或矿泉水。小型宴会可在客人入席后进行此项服务。

2. 西餐宴会服务程序

（1）迎宾服务。

热情迎宾，使用敬语，将客人引领至餐桌，拉椅让座。按先女宾后男宾，先客人后主人的顺序，为客人铺餐巾。

西餐宴会一般提供存衣服务。

（2）宴会中服务。

西餐宴会上菜顺序：开胃菜→汤→沙拉→主菜→甜品→咖啡或茶。

根据宴会预订单的要求及菜单内容搭配相应的酒水。根据客人所点酒水，到吧台领取并准备相应的服务用具及酒杯，如红酒篮、冰桶、开瓶器等。根据客人所点酒水摆放相应杯具，为客人服务酒水。

① 服务酒水的要求。

a. 红葡萄酒的服务程序。

（a）检查酒瓶：酒标是否完整，瓶盖是否完好，瓶内是否有沉淀，瓶身是否美观。准备好酒篮，垫上白色餐巾。

（b）展示酒瓶：将红葡萄酒放入酒篮，酒标向上至客人右手边，展示酒的产地、年份、特点等。

（c）开酒：用酒刀打开红葡萄酒，注意不要发出声音或溅出。

（d）展示瓶塞：将酒塞放至客人面前。

（e）品酒：给主人倒入大约 30 mL 红葡萄酒，请主人品尝。

（f）倒酒：主人品尝后，按先女士后男士，先主宾后主人的顺序将酒倒入红葡萄酒杯约 1/2 满。

将红酒篮放到服务桌上。

b. 白葡萄酒的服务程序。

（a）准备冰桶和冰桶架：冰桶加入约 1/2 的冰，再加冷水至七分满，准备一条叠成长条形的白口布。

（b）检查酒瓶：酒标是否完整，瓶盖是否完好，瓶内是否有沉淀，瓶身是否美观。准备好酒篮，垫上白色餐巾。

（c）检查后将酒放入冰桶，冰桶架放置于客人的桌旁，注意不要离客人太近。

（d）展示酒瓶：将酒取出用白口布包住瓶身，酒标向上。

（e）开酒：用酒刀打开白葡萄酒，注意不要发出声音或溅出。

（f）展示瓶塞：将酒塞放至客人面前。

（g）品酒：给主人倒入大约 30 mL 白葡萄酒，请主人品尝。

（h）倒酒：主人品尝后，按先女士后男士，先主宾后主人的顺序将酒倒入白葡萄酒杯约 1/3 满。倒完酒后将酒瓶放入冰桶中，保持温度。

② 服务主菜的要求。

a. 主菜的最佳部位对着客人放，而配菜自左向右按白、绿、红的顺序摆放。

b. 主菜的沙拉要立即跟汁，沙拉盘应放在客人的左侧。

c. 客人每用完一道菜，应将所用餐盘及餐具一起撤下。

d. 西餐宴会要求等所有宾客都吃完一道菜后才可以一起撤盘，多桌时，以主桌为准。

③ 服务甜品、水果的要求。

上甜品之前先撤下除酒杯以外的餐具，包括主餐盘、主餐餐具、面包盘、黄油碟、椒盐瓶、面包篮等。用一块叠成四方形的餐巾对餐台进行扫台。摆好甜品叉勺，左叉右勺。

④ 服务咖啡或茶的要求。

服务咖啡或茶之前先摆好糖缸和奶缸。咖啡杯或茶杯放在客人的右手边。

细节管理

有些高档宴会需推酒水车，注意询问客人是否需要餐后甜酒等。

所有服务遵循先宾后主，女士优先的原则和右上右撤的服务方法，派面包和黄油除外，从客人左侧服务。

席间注意及时添加酒水，更换烟灰缸。

3. 结账服务

当客人用完餐后，准备好账单，检查无误，与宴会负责人结账。

4. 送客服务

客人离席，主动为客人拉椅。为客人取所存衣物，热情送别。

5. 宴会后的收尾工作

（1）检查台面，有无客人遗留物品。

（2）收拾台面，清理餐桌。

（3）进行总结。

三、自助餐与酒会管理

1. 自助餐的定义和特点

自助餐是客人从餐厅预先布置好的餐台上自己动手任意选择自己喜爱的食品，然后在餐桌上享用的一种用餐形式。

自助餐有如下特点：

（1）菜品丰富，价格合适。自助餐的菜品品种繁多，餐台布置美观且富有吸引力，方便客人取用。客人不限取餐次数，用餐较为自由。

（2）进餐速度较快。客人进入餐厅后无需点菜即可取食菜品，较为适合现代社会快节奏的生活方式，同时也提高了餐厅的座位周转率。

（3）节省人力。因为是客人自己取餐，服务员仅需提供简单的服务，如酒水服务、整理餐桌、补充菜品和餐具等。这样可节省人力资源，降低费用。

2. 自助餐台设计与布局

自助餐台通常设在餐厅的一侧或餐厅中央，可由一个主台和几个小台组成。一般分为冷菜区、汤类区、热菜区、甜品区、饮料区等。

自助餐台的摆设要求：①美观，醒目和富有吸引力。②方便客人取菜。③餐台设计合理，并有很好的保温效果，如使用不锈钢餐炉（布菲炉）或电加热炉等。④餐台设计应结合场地特点。⑤餐台设计有主题性，使用鲜花、装饰品等装饰餐台。

3. 自助餐服务程序

（1）餐前准备。

① 摆放自助餐台。

a. 摆放好自助餐台的各类菜品。

b. 摆放好所用的各类餐具，如主餐盘、甜品盘、汤碗、饮料杯等。

c. 摆放好取餐用的服务叉勺。

d. 摆放好各类调料。

② 摆台。

自助餐餐桌摆台通常按照西餐零点摆台的方式，主要摆放主餐刀、主餐叉、汤勺、面包盘、黄油刀、餐巾、椒盐瓶、烟灰缸、牙签筒等。

③ 检查。

检查自助餐台菜品是否摆放完全，是否整齐美观，菜品温度是否合适。检查各类取餐餐具是否齐全，酱料调料是否齐全，饮料是否备齐等。检查餐厅设施设备、环境卫生、空调温度，检查桌椅是否整齐，检查摆台是否规范，检查背景音乐，检查个人仪容仪表是否标准等。

（2）餐中服务。

① 迎宾服务。

看到客人，迎宾员应主动、礼貌地问候客人，并面带微笑，注意目光接触。引领客人进入餐厅时，询问客人是否有预订。如有预订，询问客人姓名和联系方式等，引领至预先安排好的餐桌；如无预订，询问客人用餐人数及是否需要吸烟区或非吸烟区，为客人安排合适的餐桌并拉椅让座。

② 酒水服务。

为客人递上酒水单，并做相应的介绍和推荐。记录客人所点酒水并重复客人的点单。

根据客人所点酒水，到吧台领取并准备相应的服务用具及酒杯。为客人服务酒水，遵循先女士后男士，先宾后主的原则从客人右侧服务。

③ 餐桌服务。

为客人斟倒酒水饮料，及时撤收客人用过的餐盘，及时更换烟灰缸，补充相应餐具等。

④ 结账服务。

提前准备好账单，检查是否无误，待客人用餐完毕后，送上账单，询问满意度并感谢客人。

⑤ 送客服务。

客人起身为其主动拉椅，礼貌道别，感谢客人并祝客人愉快。

⑥ 自助餐台服务。

安排专门的员工负责自助餐台，负责及时清理并整理自助餐台面，通知厨房补充菜品，清理服务用具、补充餐盘、补充调料，及时补充自助餐台的饮料，随时为客人介绍菜品，随时做好菜品的保温工作等。

（3）餐后服务。

客人离开后，迅速整理桌椅清理台面，同时检查有无客人遗留物品。重新摆台，准备迎接下一批客人。操作要轻，避免影响其他客人。餐点结束后，将自助餐台剩余菜品撤至厨房处理，清理自助餐台，将所有服务用具进行清洗，做好餐台卫生清洁工作。

细节管理：

进行人员分工时，派专人负责自助餐台服务。

始终保持餐桌、餐台的清洁卫生。

不断补充陈列的食品，保持盛放的食品不少于1/3。

检查控制食品温度，热菜始终保持一定温度，冷菜始终保持一定凉度。

客人点不包含在自助餐餐费中的酒水时，须向其说明要单独另付费用。

注意前后台的密切协调配合。

妥善保管餐台装饰物品。

四、冷餐酒会服务

（一）冷餐酒会的种类及特点

冷餐酒会是西方国家比较流行的一种宴会形式，目前我国正逐渐流行，因气氛热烈，交流方便，进餐自由而深受客人的欢迎。

1. 冷餐酒会的种类

冷餐酒会从其进餐形式可分为以下几种：

（1）立式冷餐酒会。所有来宾站立着用餐，但在宴会厅周围备有座椅供客人休息。

（2）坐式冷餐酒会。所有来宾坐着用餐，与正式宴会相同。

2. 冷餐酒会的特点

（1）自助形式的宴会，环境布置热闹隆重，菜品丰盛。

（2）客人用餐自由，气氛热烈。

（3）一般持续时间较长。

（二）冷餐酒会的服务程序

1. 餐前准备

（1）餐台设计及摆设。

① 冷餐酒会的餐台设计应根据客人人数及宴会场地灵活摆放。一般有“一”字形、“T”字形及波浪形等。

② 摆放好餐台的各类菜品。

③ 摆放好所用的各类餐具，如主餐盘、甜品盘、汤碗等。

④ 摆放好取餐用的服务叉勺。

⑤ 摆放好各类调料。

⑥ 冷餐酒会必须设置吧台，并安排专门的酒水员服务。备好各类酒水、酒杯和服务用具。

（2）摆台。

立式冷餐酒会需在宴会厅内摆放鸡尾酒桌，方便客人放用过的餐盘酒杯等，同时摆放烟灰缸、牙签筒、餐巾纸等，并摆放鲜花装饰。

立式冷餐酒会餐桌摆台通常按照西餐零点摆台方式，主要摆放主餐刀、主餐叉、汤勺、面包盘、黄油刀、餐巾、椒盐瓶、烟灰缸、牙签筒等。

（3）摆设签到台。

签到台一般摆在宴会厅入口处一侧，应根据主办单位要求备好签到簿、名片托盘等。

（4）检查。

检查餐台菜品是否摆放完全，是否整齐美观，菜品温度是否合适。检查各类取餐餐具是否齐全，酱料调料是否齐全，饮料是否备齐等。检查宴会厅设施设备、环境卫生、空调温度，检查桌椅是否整齐，检查摆台是否规范，检查背景音乐，检查个人仪容仪表是否标准等。

2. 餐中服务

（1）迎宾服务。

看到客人，迎宾员应主动、礼貌地问候客人，并面带微笑，注意目光接触。为客人提供存衣服务。引领客人到签到台签到进入宴会厅。

（2）酒水服务。

服务员为客人送上各类酒水供客人选择。

（3）餐桌服务。

① 立式冷餐酒会服务：服务员用托盘托送酒水饮料，及时为客人服务，及时收客人用过的餐盘、餐具，及时更换鸡尾酒桌上的烟灰缸。

② 坐式冷餐酒会服务：为客人斟倒酒水饮料，及时撤收客人用过的餐盘，及时更换烟灰缸，补充相应餐具等。

（4）结账服务。

当客人用完餐后，准备好账单，检查是否无误，与宴会负责人结账。

（5）送客服务。

冷餐酒会结束，及时为客人取所存衣物，热情送别。

（6）自助餐台服务。

安排专门的员工负责自助餐台，负责及时清理并整理自助餐台面，通知厨房补充菜品，清理服务用具、补充餐盘、补充调料，及时补充自助餐台的饮料，随时为客人介绍菜品，随时做好菜品的保温工作等。

（7）餐后服务。

冷餐酒会结束后，将自助餐台的剩余菜品撤至厨房处理，清理自助餐台。巡视四周，看有无客人遗留的物品，收拾宴会厅进行卫生整理。

五、鸡尾酒会的服务与管理

鸡尾酒会的形式较为灵活，以供应酒水为主，备有简单的菜肴和小吃，站立饮食，客人用餐自由，交流广泛。

（一）鸡尾酒会的特点

（1）以酒水为主，另外还有一些饮料。由服务员托盘在客人间行走，由客人自行拿取。

（2）食品简单。只提供一些小吃、点心及少许的菜品。

（3）不摆台、不设座。客人基本都是站着进食和交流，气氛活跃。

（4）地点灵活。室内、室外均可，空间不受限制。

（二）服务程序

1. 餐前准备

（1）根据客人要求布置会场并准备各种所需物品。

（2）准备足够量的餐具用具。

（3）对人员进行分工，派专人负责吧台。

（4）酒会开始前几分钟，要端出各种小吃。

2. 迎宾服务

看到客人，迎宾员应主动、礼貌地问候客人，并面带微笑，注意目光接触。为客人提供存衣服务。

3. 酒水服务

服务员用托盘托送酒水来回走动，注意观察客人的举动，及时为宾客提供服务。调酒师按客人所需及时调配鸡尾酒，由服务员送至客人面前。

4. 菜品服务

服务员用托盘托送各类食品小吃，一般由客人自行拿取。保证有足够量的菜品及餐具的供应。有专门的人员负责收拾空的餐具酒杯，保持清洁。

5. 结账服务

当客人用完餐后，准备好账单，检查无误，与宴会负责人结账。

6. 送客服务

鸡尾酒酒会结束，及时为客人取所存衣物，热情送别。

7. 餐后工作

环视四周，看是否有宾客的遗留物品。收拾宴会厅进行卫生整理。

任务实施与评价

任务一 认识零点服务

一、任务实施

认识餐饮企业零点服务工作流程的任务实施步骤见表 4-17。

表 4-17 认识餐饮企业零点服务工作流程

任务一 认识餐饮企业零点服务工作流程	
任务步骤	任务描述
课本学习	学习模块四教材知识内容
教学视频学习	观看零点服务流程教学视频
观察记录	记录零点服务流程步骤
总结流程	结合所收集信息完成任务工单

二、学生工作页

（1）分成 4 个小组，通过对零点服务教学视频的学习分析，结合日常生活经验及调查所收集的资料完成对餐饮企业零点服务工作流程的梳理。

（2）学生任务单见表 4-18。

表 4-18 餐饮企业零点服务工作流程（学生任务单）

<table>
<tr><td colspan="4">任务一 餐饮企业零点服务工作流程</td></tr>
<tr><td>班级</td><td></td><td>姓名</td><td></td></tr>
<tr><td colspan="4">在餐饮企业中零点服务是较为常见的，但仅服务一位客人的情况比较少见，请你根据对零点服务教学视频的学习分析，制订一个为单独客人服务的零点服务工作流程。
首先要确定服务环节，然后确定每个环节统一的动作、语言、时间、用具，包括对意外事件、顾客临时要求的处理方法等。控制规程尤其要抓好各规程之间的薄弱环节，用服务规程来统一各项服务工作，从而使服务质量标准化、服务岗位规范化和服务工作程序化。
服务程序：
（1）餐前准备：①准备餐具用具；②摆台；③检查。
（2）餐中服务：①迎宾服务；②点单服务；③酒水服务；④菜品服务；⑤结账服务；⑥送客服务</td></tr>
<tr><td colspan="4">请你制订一个为客人服务的零点服务工作流程，并画出工作流程图：</td></tr>
</table>

续表

任务二 认识宴会服务

一、任务实施

认识杭州亚运会欢迎宴会服务工作的任务实施步骤见表 4-19。

表 4-19　认识杭州亚运会欢迎宴会服务工作

任务二　认识杭州亚运会欢迎宴会服务工作	
任务步骤	任务描述
搜寻资料	学习杭州亚运会欢迎宴会菜单介绍
观察记录	观察菜单介绍，找出菜品的特色、服务重点和难点
描述菜品	为每道菜品写出一段解说词，在解说词中需要加入非遗传承相关内容
总结流程	结合所收集信息完成任务工单

二、学生工作页

（1）分成 4 个小组，通过学习分析网络资料，结合日常生活经验及调查所收集的资料完成认识杭州亚运会欢迎宴会服务工作梳理。

（2）学生任务单见表 4-20。

表 4-20　认识杭州亚运会欢迎宴会服务工作（学生任务单）

任务二　认识杭州亚运会欢迎宴会服务工作			
班级		姓名	
按照任务工单步骤，完成杭州亚运会欢迎宴会服务流程设计			
菜品名称	图片	服务重点	解说词
龙井虾仁			
杭州小笼包			
西湖醋鱼	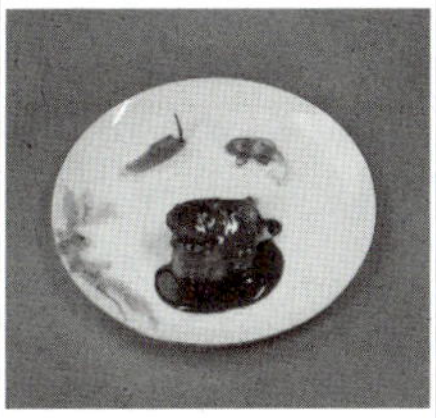		

续表

菜品名称	图片	服务重点	解说词
杭式葱油拌面			
竹香牛排	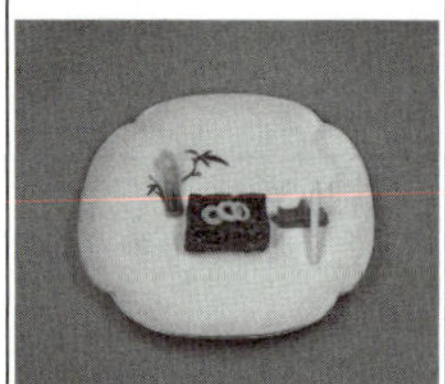		
浙江传统名点			

任务三 认识团体包餐（自助）服务

一、任务实施

认识餐饮企业宴会服务工作流程的任务实施步骤见表 4-21。

表 4-21 认识餐饮企业宴会服务工作流程

任务三　认识餐饮企业宴会服务工作流程	
任务步骤	任务描述
课本学习	学习知识准备，提炼关键知识
搜寻资料	从红餐网（http: //www.canyin88.com）展开学习
观察记录	根据所观察结果与所学知识完成记录
总结流程	结合所收集信息完成任务工单

二、学生工作页

（1）分成 4 个小组，通过学习分析网络资料，结合日常生活经验及调查所收集的资料完成对餐饮企业自助餐服务的流程梳理。

（2）学生任务单见表 4-22。

表 4-22 餐饮企业自助餐服务工作流程（学生任务单）

<table>
<tr><td colspan="4">任务三 餐饮企业自助餐服务工作流程</td></tr>
<tr><td>班级</td><td></td><td>姓名</td><td></td></tr>
<tr><td colspan="4">整个流程含摆放自助餐台（摆台、检查），餐中服务（迎宾服务、酒水服务、餐桌服务、结账服务、送客服务），餐后服务，自助餐台服务（清理、整理自助餐台面；通知厨房补充菜品；清理服务用具，补充餐盘，补充调料；及时补充自助餐台包括的饮料；随时为客人介绍菜品；随时做好菜品的保温工作等）</td></tr>
<tr><td colspan="4">请画出你认为最合适的餐饮企业自助餐服务流程图：</td></tr>
</table>

任务四 熟悉中式宴席餐饮服务流程

一、任务实施

中式宴席餐饮服务流程任务实施步骤见表 4-23。

表 4-23 中式宴席餐饮服务流程

任务四　中式宴席餐饮服务流程	
任务步骤	任务描述
课本学习	学习知识准备，提炼关键知识
教学视频学习	熟悉中式宴席餐饮服务流程
观察记录	根据所观察结果与所学知识完成记录
总结流程	结合所收集信息完成任务工单

二、学生工作页

（1）分成 4 个小组通过对中式宴席餐饮服务流程教学视频的学习分析，找出服务流程中你认为需要修改的地方。

（2）学生任务单见表 4-24。

表 4-24　学生任务单

任务四 优化中式宴席餐饮服务流程			
班级		姓名	
认真学习中式宴席餐饮服务流程教学视频，找出其中不规范或可优化的服务流程并给出改进意见，制订一套合理的中式宴席餐饮服务流程			
不规范或可优化的服务流程： 制订一套合理的中式宴席餐饮服务流程：			

05

模块五

菜品研发

>>>>>>>>>>>

知识要求

1. 了解餐饮产品的特点。
2. 了解菜品研发的理念。
3. 了解菜品研发的原则。
4. 了解菜品研发的流程。

技能要求

1. 熟悉菜品研发的常见方式。
2. 熟悉菜品研发的流程。
3. 能进行菜品研发的工作。

素质要求

1. 具备良好的职业道德素养和社会责任感。
2. 具备精益求精、吃苦耐劳的工匠精神。
3. 具备艰苦奋斗、勇于创新的劳动精神。
4. 具备餐饮服务业人员的综合素质和职业素养。

知识准备

创新菜可以是原料上的创新，即不同的原料搭配在一起，比如：新原料与传统原料相结合，新原料与新原料相结合，或是不同的原料组合在一起，都可以说是一种创新。再有就是口味创新，相同的原料换成不同口味去做，就可以说是口味上的一种创新。在竞争日益激烈的社会中，厨师只有靠不断创新，才能寻求更加长足的发展。厨师如何创新，也有一定的章法可循。

一、制订餐厅菜单计划

菜单计划是餐饮生产流程中的第一个控制点，菜单是餐饮企业经营宗旨的集中表现，代表企业并向顾客传递企业的理念。菜单呈现给顾客就意味着销售的开始。对于一个餐饮企业来说，菜单是成功的关键。菜单能具体地向顾客展示企业提供的主要食品。在食品服务过程中，菜单对其他控制点也有很大的影响。因此，菜单计划必须考虑到企业管理者进行控制的存货、员工、设备和设施几个方面。

（一）菜单计划与库存

库存是一个企业商品备有存货的总和。菜单有助于创造对由库存商品加工而成的成品的食品需求，使顾客的订单耗尽现有的库存，直接影响到企业对采购、验收和储存的要求。

（二）菜单计划和人员配备

一家餐厅的人员配备情况对于其菜单设计的成功与否有很大影响。在管理人员开始制订菜单计划之前，一定要考虑食品生产工作人员和服务人员的技术水平。

（三）菜单计划与设备

任何餐饮服务企业在开业之前都要投入大笔资金购买设备，即餐饮服务企业在其运作过程中所使用的一系列器械。很显然，企业所拥有的生产设备和服务设备的种类及数量决定了其能够向顾客提供何种菜品。在购买时一定要注意的因素包括：设备的性能、设备的维护成本和价格、能源的供给状况、企业员工的技术水平。设备必须易清洁和消毒。设备的设计、布局和安装便于产品和人员在厨房、服务区内移动。

（四）菜单计划与设施

“硬件设施”是指餐饮企业的建筑和内部外观，包括肥皂和毛巾等配套物品，以及照明采光设施和暖气或空调系统的通风孔等附加设施。设施的布局和设计也是菜单计划中要考虑的重要因素，因为这些因素给食品的加工和供应造成了硬件上的限制。设施必须满足菜单中每道菜品的采购、验收、储藏、配送、准备、烹饪、保温和服务的要求。因此，硬件设备必须随菜单的变化而重新设置。

此外倘若菜单上所列菜品的大小、重量、每份的数量、加工技术能做到准确描述，那么仔细分析菜单及其标准菜谱，企业就可以确定其采购需求。采购方式就可以随着市场、供货渠道和顾客需求而改变。企业采取的一系列控制措施有利于对质量、卫生和采购成本进行控制。当企业的采购者拥有了以上的知识，采购就会很成功。

（五）菜单计划要求

（1）菜单应顺应潮流。比如：顾客喜欢各类健康食品并以较小的量来分装，因此更清淡健康的食品和较小量食品是发展趋势。同时要包括地方风味和具有民族风味和异国情调的食品。

（2）菜单计划要达到企业的财政目标，帮助企业塑造形象并使整个企业按计划运转。菜单计划要与设施的环境和目标市场的期望相适应。提供菜单计划必须以目标市场的需求为基础，应能传达一系列迎合或者超过顾客期望的战略思想，从而保持菜品的销售及其受欢迎程度的纪录。

（3）菜单计划要考虑其对其他控制点的影响。尽可能使菜品合理化并且原料能被交叉利用。在需要的时候可评估和采用高质量的方便食品。

（4）要考虑到每个控制点上可能出现的卫生危害。一旦确定一些潜在的危害，必须采取措施来降低这些危险。

（5）实战菜单的具体要求。

① 需要对原料和成品菜进行精确描述。

② 质量和等级说明要真实。

③ 菜单对规格、重量或数量的描述要准确。

④ 绝不要将冷冻或罐头食品按新鲜的出售。

⑤ 准确地描述加工方法。

⑥ 在菜单中清楚地说明额外的附加收费。

⑦ 菜单上的图片能准确地展现所提供的产品。

⑧ 服务员的描述要准确。

⑨ 饮食或营养说明要准确。

⑩ 组成和营养资料可供索取。

⑪ 在外观、可读性、清晰度和价格策略方面要有创新性。

二、餐饮产品特点

（一）餐饮产品生产的特点

（1）餐饮生产属个别定制生产，产品规格多，批量小。

当客人进入餐厅点菜后，厨房才进行产品制作，这种个别的定制生产使产品规格难以统一。而产品规格的多样化要求菜单上有的菜品，厨房就要有出品，甚至客人点了菜单上没有的菜，厨师也应该能够制作，因此加大了厨房采购、管理、服务的难度。

（2）餐饮生产过程时间短。

餐饮消费属于即时消费，就餐者从点菜到消费之间的间隔时间相当短暂，客人往往不愿花费多的时间等待。一道菜品的制作通常只需几分钟或十几分钟，一场宴会也不过持续几个小时，因此要求厨师必须做好准备工作，烹调阶段更应该迅速，以保证菜品的色、香、味、形、温度等符合质量要求。

（3）餐饮生产量难以预测。

生产量根据每天餐厅客人的上座率和点菜情况而定，很难提前了解。但不同类型的酒店根据其客源市场的消费特点，还是有规律可循的。另外，想避免由此而带来的原材料浪费，更重要的是前后台互相配合。服务员需积极推销厨房备量较多的菜品，一般是厨房每天急推的和特别介绍的菜品。

（4）餐饮原料、产品容易变质。

餐饮生产所用的原料大多数都是鲜活原料，有很强的时间和季节限制，处理不当容易腐烂变质。在原材料的保管、加工中也容易造成营养成分的流失，影响菜品的质量。

（5）餐饮生产过程的管理难度较大。

餐饮产品从生产到出售环环相扣，涉及的岗位和人员众多，任何一个环节出现问题都会影响到产品的质量。因此要制订详尽的岗位职责和操作流程，在实际工作中还要求所有人员能够相互配合，分工协作。

（6）产品质量的好坏以适口者为准。

中国有句俗语叫“众口难调”，餐饮产品的好坏很难有一个统一的标准，消费者最有发言权。在餐饮业中，好吃就是硬道理。

（二）餐饮产品销售的特点

（1）餐饮销售量受餐饮经营空间大小的限制。

餐厅的面积及餐位数都是相对固定的，因此接待人数也相应地受到限制。但是餐饮部可以通过提高服务效率来增加销售量，另外，还可以通过增加外卖和外出举办宴会等方式，打破经营空间的限制。

（2）餐饮的销售量受到就餐时间的限制。

人们一日三餐的就餐时间大致相同。一到就餐时间，餐厅生意兴隆，反之则门可罗雀。餐饮部可以通过延长营业时间或增加营业项目等方法加强引导消费。

（3）餐饮经营毛利率高，资金周转较快。

餐饮部的综合毛利率一般都较高，在我国，一般三星级饭店其毛利率可达 45% ~ 50%，四、五星级饭店可达 60%以上。如果做好有关费用的管理，则能产生出相当部分的纯利润。另外，餐饮的销售收入中相当一部分以现金为主，先挂账后付款的情况很少，餐饮原料中的半数以上是当天采购、当天生产并销售的，因此，资金周转也较快。

（4）餐饮经营中固定成本占有一定比重，变动费用的比例也较大。

各种餐厨设备、存储设备的投资，使得餐饮经营活动中的固定成本占有一定比重。另外，餐饮变动费用、员工的报酬、水电煤等燃料消耗、餐饮原料的支出等均占有相当大的比例。餐饮工作人员必须尽量减少原材料消耗，降低各项费用指标，以节省开支的方法达到增收的目的。

（三）餐饮服务的特点

（1）服务的无形性。

餐饮服务是餐饮产品构成要素中的重要组成部分，而服务本身具有无形性，难以用具体的标准进行度量。宾客对服务的满意度是靠心理去感受，这就给服务带来很大难度，从而要求餐厅不断提高服务质量，提供针对性服务，以满足客人要求。

（2）服务的一次性。

餐饮服务在客人的消费过程中只能当次享受，不可以像物质产品一样进行储存，或者多次消费。如果服务出现质量问题，将难以弥补客人的损失。这就要求餐厅在接待中要争取100%的合格率，才能使“头回客”成为“回头客”，最终成为常客。

（3）服务的同步性。

餐饮产品的生产、销售、消费是同步进行的，即现生产、现销售。这就决定了餐饮产品不能储存、不能外运。服务时要充分利用当次推销机会，将厨师的特别介绍和需要急推的菜品推销出去。

（4）服务的差异性。

每位员工由于年龄、性格、所受教育程度及职业培训程度的不同，所提供的服务会不同。即使相同的人在不同的场合、不同的时间，服务态度也会有差异。客人衡量餐厅服务水平的高低永远是以服务水平最低的服务员为准。就像木桶效应一样，水总是从最低的一块板流出。要解决这一问题就必须制定服务质量标准，并通过培训提高员工素质。

（5）服务质量评价标准的主观性。

餐饮服务质量的评定主要依赖消费者的主观判断，由于消费者的价值观、审美观、性格特点、生活禁忌、饮食需求存在较大差异，因此每个人的评价标准也各不相同。同样的服务可能得到不同的评价，因此，要求餐饮服务人员能够提供针对性的服务。

三、菜品研发的理念

老菜新做、传承吃文化、中西结合、料理无国界是厨师团队菜品研发的四大理念。

（1）老菜新做：发扬传统技法优势，融合时尚理念，回归菜肴原汁原味。

（2）传承吃文化：将传统菜品的吃法与文化传承下去，将传统菜品变成中国非物质文化遗产，提高菜品的附加值。

（3）中西结合：将传统中餐、西餐的烹饪技法和调味技术上的优点相互融合，达到菜品上的优势资源互补。

（4）料理无国界：不管是哪个国家的菜品，只要能够得到客人的认可和喜欢，就认为这是一道好菜。西班牙菜、墨西哥菜、意大利菜、俄罗斯菜等都可以拿来借鉴和学习。

四、菜品研发的方法

（一）巧用原料

（1）原料中用：随着全球经济一体化的加剧，中西交流日益频繁，西餐原料在我国也得到了进一步的推广使用，如荷兰豆、西兰花等。

（2）土料洋用：将乡土原料、野生原料开发制作成精细产品，如南瓜、山芋、南瓜藤等。

（3）药材菜用：将传统认为只能作为药材的原料，用以烹制或辅助烹调菜肴，如当归、枸杞等。

（4）一料多用：开发原有原料，使其烹制出更多菜肴，如三文鱼系列菜、咸蛋黄系列菜等。

（二）巧用技法

烹调是综合运用各种技术手段和相应的技术设备，将烹调原料加工成可供直接食用的菜肴，以满足人们在饮食方面物质和精神的享受，具有一定艺术性的技术科学。

（1）改变烹调技法："炒"的菜肴，可以用"爆"的技法加工成为菜肴，干煸系列、水煮系列、火锅系列也可以用"煸"的技法加工成为菜肴，其菜肴的风味特色、质感各有区别。

（2）创新烹调方法：烹饪技法是从生食、浸渍、火燎、石烹、罐煮、笼蒸、炉烤、油炒……发展到现今的电炉烘、微波烹等。餐厅中销售的"石烹基围虾"，餐桌上面用酒烤"羊肉串"，宴席冷菜中的"盐焗香辣鸡"，用锡箔卷裹在水中煮熟后再摆入盘中，淋上鱼香味的"鱼香三文鱼"等，无一不给人一种新颖的感觉。随着科技的发展，太阳能的转换、太阳光反射光热的应用，将来一定会成为一种新型烹饪技法所用的新能源。

（3）综合烹饪技法：在传统的烹饪技法的基础上，打破中、西烹饪技法泾渭分明的固定格局，进行改良组合，或模仿、或借鉴、或综合、或逆创，以推出采用新烹饪方法制作的菜品，如将油酥面配合菜肴制成酥盒虾仁、酥皮海鲜，将传统红烧甲鱼进行生炒等。

（三）组合味型

组合味型的菜肴大可开发，通常可以采取以下几种思路。

（1）西味中烹：将西餐烹饪的调味料、调味汁或调味方法用于烹制中菜，如沙律海鲜卷、千岛石榴虾等。

（2）果味菜烹：将水果、果汁用于菜肴调味，如椰汁鸡、菠萝饭、橙味瓜条等。

（3）旧味新烹：将已经流行过，近年很少使用的调料或味型重新烹制菜肴，如辣酱油烹鸡翅、豆酱炒洞虾等。

（4）新味旧烹：用新近出现的调料烹制传统原料，从而推出新颖菜品，如 XO 炒鸡柳、黑椒炒鳝花等。

（四）巧用器皿

装盘的方法与盛器和菜肴的组合进行调整，同样可以推出新的视觉、新的质感的菜肴。具体技巧如下。

（1）器皿多变：如用竹器、漆器、铁板等盛装菜肴，尤其是在同一桌宴会里的菜肴，会给客人以丰富多彩、耳目一新的感觉。

（2）组合多变：即采用将冷菜、热菜的组合进行整分结合、区别调整的策略，有和食，有成肴（筷、勺取之即可食），有组合成肴（需客人或餐厅服务员将两种或两种以上食品进行组合方可食用）等。

五、菜品研发的原则

（一）适应消费者的需求

进行菜肴创新前，必须研究消费者的需求，以设计出满足消费者需求、受消费者欢迎的菜肴。

（二）不可生搬硬套

菜肴创新可以借鉴、模仿，但不可生搬硬套，弄巧成拙反而会降低菜肴质量。

（三）要符合烹饪规律

菜肴创新要符合烹饪的规律，鲜活原料用蒸可保持鲜美且富有营养，就不能采用炸、焖等工艺。

（四）食物搭配符合规则

研发菜品时，应注意不使用不符合食品安全要求的原材料进行加工，应使用应季新鲜食材最佳，见表 5-1。

表 5-1 应季食材

季节	水果	蔬菜
春季	柠檬、枇杷、圣女果、菠萝、火龙果、草莓、荔枝、桑葚、山竹、樱桃、莲雾、番石榴、嘉宝果、丑柑、乌梅、青枣、青梅	白萝卜、菠菜、荸荠、彩椒、春笋、茶树菇、大葱、胡萝卜、韭菜、蒜薹、土豆、西兰花、小白菜、圆白菜、洋葱、油菜、茴香、海带、黄豆芽、荠菜、芥菜、苦瓜、空心菜、芦笋、绿豆芽、平菇、青萝卜、生菜、蒜黄、茼蒿、莴苣、豌豆苗、苋菜、香菇、西葫芦、香椿、西芹、蟹味菇、紫菜、豆瓣菜、紫菜苔、猪肚菇、快菜、豌豆、竹荪、荷兰豆、银耳
夏季	菠萝、草莓、黑莓、火龙果、蓝莓、荔枝、榴莲、桑葚、桃、山竹、杏、西瓜、香瓜、樱桃、杨梅、椰子、苹果、哈密瓜、龙眼、李子、芒果、蟠桃、油桃、杨桃、百香果、黄桃、猕猴桃、木瓜、葡萄、青提、沙果、无花果、神秘果、释迦果、菠萝蜜、牛油果、莲雾、红毛丹、树莓、蛇皮果、火参果、嘉宝果、黑布林、西梅、黄皮果、沙棘、伊丽莎白、羊角蜜、芭蕉、乌梅、西洋梨	白菜、白萝卜、菠菜、彩椒、茶树菇、豆角、冬瓜、大葱、大蒜、黄瓜、红薯、南瓜、茄子、土豆、番茄、圆白菜、洋葱、油菜、猴头菇、茴香、海带、黄豆芽、尖椒、茭白、豇豆、荠菜、芥蓝、苦瓜、空心菜、苦菊、口蘑、菱角、绿豆芽、青萝卜、芹菜、秋葵、丝瓜、生菜、山药、四季豆、娃娃菜、豌豆苗、苋菜、香菜、西葫芦、西芹、芋头、油麦菜、紫甘蓝、玉米、紫薯、毛豆、木耳菜、猪肚菇、牛蒡、快菜、豌豆、红薯叶、竹荪、黄花菜、牛肝菌、银耳、榛蘑

续表

秋季	苹果、百香果、菇娘、红提、黄桃、海棠果、火龙果、哈密瓜、龙眼、蓝莓、李子、蜜柑、猕猴桃、木瓜、芒果、葡萄、蟠桃、青提、蛇果、沙果、柿子、山竹、石榴、无花果、西柚、香梨、梨、西瓜、杨桃、枣、菠萝、橄榄、金橘、橘子、脐橙、山楂、香蕉、柚子、甘蔗、罗汉果、砂糖橘、神秘果、人参果、释迦果、菠萝蜜、牛油果、人心果、番石榴、蔓越莓、火参果、嘉宝果、西梅、南果梨、冬枣、沙棘、羊角蜜、芭蕉、枣仁、青枣、西洋梨	白菜、菠菜、百合、菜花、豆角、冬瓜、大辣椒、大蒜、胡萝卜、红薯、姜、木耳、南瓜、土豆、西兰花、圆白菜、油菜、猴头菇、茴香、海带、黄豆芽、尖椒、茭白、金针菇、荠菜、芥蓝、芥菜、苦瓜、口蘑、莲藕、菱角、绿豆芽、魔芋、青萝卜、芹菜、秋葵、秋黄瓜、丝瓜、生菜、山药、四季豆、蒜黄、茼蒿、娃娃菜、香菜、香菇、西芹、雪莲果、芋头、油麦菜、杏鲍菇、蟹味菇、紫菜、紫甘蓝、玉米、紫薯、毛豆、猪肚菇、牛蒡、快菜、豌豆、红薯叶、雪里红、黄花菜、牛肝菌、银耳、腐竹
冬季	菠萝、橄榄、甘蔗、罗汉果、橘子、砂糖橘、香蕉、柠檬、圣女果、蛋黄果、番石榴、嘉宝果、丑柑、青枣	白菜、菠菜、百合、菜花、豆角、冬瓜、大辣椒、大蒜、胡萝卜、红薯、姜、木耳、南瓜、土豆、西兰花、圆白菜、油菜、猴头菇、茴香、海带、黄豆芽、尖椒、茭白、金针菇、荠菜、芥蓝、芥菜、苦瓜、口蘑、莲藕、菱角、绿豆芽、魔芋、青萝卜、芹菜、秋葵、秋黄瓜、丝瓜、生菜、山药、四季豆、蒜黄、茼蒿、娃娃菜、香菜、香菇、西芹、雪莲果、芋头、油麦菜、杏鲍菇、蟹味菇、紫菜、紫甘蓝、玉米、紫薯、毛豆、猪肚菇、牛蒡、快菜、豌豆、红薯叶、雪里红、黄花菜、牛肝菌、银耳、腐竹

六、菜单设计

（一）菜单设计的重要性

菜单是一家餐厅经营方针的综合反映，标志着餐厅经营的特色和水准，是餐厅提供商品的目录，是餐厅经营管理中一个十分重要的内容。

（二）菜单设计制作中常见问题

（1）制作材料选择不当。

（2）规格和装帧不当。

（3）字体选择不当。

（4）随意涂改菜单。

（三）菜单设计和制作的程序

（1）准备所需参考资料，如企业正在使用的菜单、标准菜谱、过去销售资料、菜单食品饮料一览表、其他企业信息等。

（2）推行标准菜谱。

（3）初步设计构思。

（4）菜单的装潢设计。

（四）菜单设计者的素质要求

（1）具备广泛的食品原料知识。

（2）有深厚的烹调知识和较长的工作经历，熟悉各种菜肴的制作方法、营养成分、制作时间和需用的设备。

（3）了解餐厅的生产与服务设施，以及工作人员的业务水平。

（4）有创新意识和构思技巧。

（5）有一定的美学和艺术修养。

（五）菜单设计的原则

（1）以顾客需求为导向，根据餐厅的市场定位设计。

（2）体现出自己的特色，不断创新以适应新形势。

（3）降低食品成本，提高获利能力。

（4）考虑菜点的花色品种，力争形式美观大方。

（5）根据菜点的营养价值设计。

（6）根据餐饮产品的价值设计。

（7）根据食品原料供应设计。

（8）量力而行，确有把握。

（9）能满足目标市场客人的文化需求。

七、标准菜谱的制定

为了实现厨房生产标准化，首先要制定一系列的标准。厨房生产特点决定着其标准的制定是一项十分艰巨而复杂的工作。一般饭店的厨房生产的技术标准应包括食品原料标准、标准菜谱、标准净料率、岗位规范作业指导书等，如果这些技术标准的制定能够与厨房生产的运转相适应，就能在厨房生产管理中发挥重要的作用。主要可制定以下标准：

（1）食品原料标准。

制定食品原料标准有利于对食品原料采购、验收、保管和申领等进行控制，可使食品原料采购、验收、保管和申领有了工作依据和准则，从而保证厨房生产所需要的食品原料规格和质量，减少原料损失，降低生产成本，为提高出品质量奠定基础。

（2）标准菜谱。

编制标准菜谱是制作菜肴的配方，是厨房建立标准化生产体系的基础性管理工作，包括具体的配料、每种配料所需的数量、制作工序、每份的大小和相应的设备、配菜以及食品制作时所需要的其他数据。只要严格按照标准菜谱操作，为客人提供的菜肴就会在质量上、风味上和数量上完全保持一致。

（3）标准净料率。

确定标准净料率有利于提高原料的利用率，降低原料损失。食品原料在加工、切配和烹制过程中都会产生折损。不同种类、规格和质量的食品原料，其净料率是不同的。

不同的加工、切配和烹制的食品原料也有一定差异。有了食品原料标准，就可以规定对食品原料采取不同的加工和烹制的标准净料率或折损率，能够规范厨师的加工和操作方式，可以提高食品原料的出成率，降低原料的折损，对于原料成本控制、保证出品的数量与质量都是非常重要的。

（一）标准菜谱的设计原则

（1）以客人的需求为导向。

标准菜谱的设计，首先是根据餐厅所做的市场调查，确定餐饮食品的种类和质量水平。餐饮产品质量水平必须以能提高客人的满意度为目的。所以，标准菜谱的设计首先要以客人的需求为导向，筛选品种，并设计适应性强的食品种类和质量水平。

（2）要能体现本餐厅的经营特色，具有较强的竞争力。

首先要根据餐厅的经营方针来决定提供什么样的菜品、面点等，是鲁菜还是粤菜，是风味菜还是特色菜，是大众化的菜还是高档的菜。标准菜谱的设计要尽可能选择反映本店特色的菜品，并依据市场的竞争情况，制定具体的质量标准，使菜品具备较强的竞争力。

（3）要根据厨房的生产能力、技术水平设计菜品的质量。

厨房生产设备的优劣与齐备程度、厨师的技术水平对于标准菜谱的设计有直接影响。操作工艺复杂、所需工具设备独特的菜品在设计中尤其要在充分了解设备情况的基础上做出决策，不能盲目设计。同时，厨师的技术水平因素也是标准菜谱设计的关键。如果设计出的菜品厨师不会烹制，或烹制的成品达不到设计的质量要求，这样的标准菜谱对于生产而言就毫无意义。

（4）要考虑食品原料的供应情况。

因为标准菜谱的设计虽然内容很多，但其中最主要的内容是食品原料。食品原料的供应往往受到供求关系、采购、运输条件、生产季节、生产地区、生产量等因素的影响。因此，设计标准菜谱时，必须充分考虑这一因素。比如，某餐厅地理位置较偏远或位于某山区风景景点且属内陆时，交通不是十分便利，如果非要设计使用海鲜活品原料，显然是无法实现的。所以，标准菜谱在设计时要考虑原料的供应情况。

（5）标准菜谱的设计要适应市场原料价格的变化情况。

食品原料因供求关系的变化、季节的变化、淡旺季的不同、生产量的不同，其价格也随时发生变化，因而在设计标准成本时就应保持一定的灵活性，留有充分的变动余地，以适应市场的变化，又便于生产成本的控制与管理。

（6）求变求新，适应饮食新形势。

标准菜谱设计时还以求新求变为原则，注意各种菜品、各类食肴、各种风味的搭配。同时，菜肴在有一部分稳定的基础上，要经常更换，推陈出新，这样才能给常来就餐的客人新鲜感。此外，还要考虑季节因素，安排时令菜肴，同时还应顾及客人对营养的不同需求，客人的健康状况、进餐要求等，这些都要求餐厅在设计标准菜谱时不能有一劳永逸的观念，必须求变求新，才能吸引更多的客人。

（二）标准菜谱的设计内容

一般来说，标准菜谱设计的内容主要有以下几个方面。

（1）基本信息。

标准菜谱中的基本信息，也可以称为基础技术指标，主要包括菜点的编号、生产方式、盛器规格、烹饪方法、精确度等，它们虽然不是标准菜谱的主要部分，但却是不可缺少的基本项目，而且它们必须在设计的一开始就要设定好。

（2）标准配料及配料量。

菜肴质量的好坏和价格的高低很大程度上取决于烹调菜肴所用的主料、配料和调味料等的种类与数量。标准菜谱首先在这方面做出了规定，为菜肴的质价相称、物有所值，提供了物质基础。

（3）规范烹调程序。

规范烹调程序是对烹制菜肴所采用的烹调方法和操作步骤、要领等方面所做的技术性规定。这一技术性规定是为保证菜肴质量，对厨房生产的最后一道工序进行规范。它全面规定了烹制某一菜肴所用的炉灶、炊具、原料配方、投料次序、烹调方法、操作要求、烹制温度和时间、装盘造型和点缀装饰等，使烹制的菜肴质量有了可靠保证。

（4）烹制份数和标准份额。

厨房烹制的菜肴多数是一份一份单独进行的，有的也是多份一起烹制的。标准菜谱对每种菜肴、面点等的烹制份数进行了规定，是以保证菜肴质量为出发点的。一般菜肴多为单份制作，也就是其生产方式是单件式。面点的加工一般是多件式，带有批量生产的特征等。

（5）每份菜肴标准成本。

标准菜谱对每道菜肴标准成本做出规定，能够对产品生产进行有效的成本控制，可以最大限度地降低成本，提高餐饮产品的市场竞争力。标准菜谱对标准配料及配料量作出了规定，由此可以计算出每道菜肴的标准成本。由于食品原料市场价格的不断变化，每道菜肴标准化成本就要及时作出调整。

（6）成品质量要求与彩色图片相匹配。

通过标准菜谱对用料、工艺等的规范，保证了成品的质量，标准菜谱为此对出品的质量要求作出规定。但因为菜点的成品质量有些部分目前难以量化，如口味的轻重等，所以在设计时，应制作一道标准菜肴，拍成彩色图片，以便作为成品质量最直观的参照标准。

（7）食品原料质量标准。

只有使用优质的原料，才能加工烹制出好的菜肴。标准菜谱中对所有用料的质量作出规定，如食品原料的规格、数量、产地、生产日期、品牌、包装要求、色泽、含水量等，以确保餐饮产品质量达到最优效果。

（三）标准菜谱的设计过程

标准菜谱的设计制定是一项十分细致复杂的技术工作，也是厨房生产管理的重要手段，必须高度重视。标准菜谱的设计制定应该由简到繁逐步完善，并充分调动厨师的积极性，反复试验，使标准菜谱中的各项规定都能科学合理，切实成为厨师生产操作的准则，以规范厨师烹调菜肴过程中的行为。设计制定的标准菜谱要求文字简明易懂，名称、术语确切规范，项目排列合理，易于操作实施。

（1）确定菜名、主配料的原料及数量。

确定主配料的原料及数量是很关键的一步，它确定了产品的基调，决定了该产品的主要成本。数量的确定有的只能批量制作，平均分摊测算，例如点心、菜肴单位较小的品种，无论如何，都应力求精确。

（2）规定调味料品种，试验确定每份用量。

调味料品种、牌号要明确，因为不同厂家、不同牌号的质量差别较大，价格差距也较大。调味料只能根据批量分摊的方式测算。

（3）根据主配料、调味料用量，计算成本、毛利及售价。

随着市场行情的变化，单价、总成本会不断变化，每项核算都必须认真、全面、负责进行。

（4）规定加工制作步骤。

将必需的、主要的、易产生歧义的步骤加以统一，规定可用术语，精练明白即可。

（5）确定盛器，落实盘饰用料及式样。

根据菜肴的形态与原料的形状，确定盛装菜肴餐具的规格、样式、色彩等，并根据餐具的色泽与质地对装盘后的菜肴确定盘饰的用料及式样。

（6）明确产品特点及质量标准。

标准食谱既是培训、生产制作的依据，又是检查、考核的标准，其质量要求只有明确具体才能切实可行。

（7）填写标准食谱。

对以上的内容，按项填写到标准食谱中，填写标准食谱时，要字迹端正，表达清楚，以使员工都能看懂。

（8）按标准食谱培训员工，统一生产出品标准。

按标准食谱中的技术要求对各个岗位的员工进行操作培训，以规范厨师的作业标准，从根本上确保生产出品标准的统一。

任务实施与评价

任务一　学习菜品研发

一、任务实施

认识菜品研发工作流程的任务实施步骤见表 5-2。

表 5-2　认识菜品研发工作流程

任务一　认识菜品研发工作流程	
任务步骤	任务描述
确定研发方向	菜品研发先要较为全面地了解最新的餐饮市场现状，找到一个有潜力的消费人群需求的产品范围，在制定出公司品牌定位、风格、运营模式、受众人群、投资额等基础方向后，菜品研发就要按照制定的基础概念开展工作了
进行菜品研发	根据菜品设计采购各类食材、调味品，通过不断地研发实验出餐，确定每一款产品的配方和工艺。 餐品主副食材搭配、调味品选定和投入比、未来标准化转化生产的还原度预设、单品个性化概念植入等，只有在这个过程中被反复地实践，才会打造出较为成熟的产品线
菜品测试	核心团队内测：调整较为核心的产品方向；内部团队盲测：与市场中优秀产品做盲测对比，对研发的产品进行打分和需调整记录；调整测试：需调整的产品前后对比；扩大范围测试：面向外部人群进行测试，收集不同人群产品建议和产品打分；最终测试确认：结合多次测试，同意调整意见，确定产品
标准作业流程（Standard Operation Procedure，SOP）	将确定菜品的制作工器具、制作工艺流程、原材料名称、调味料品牌、投量克重等制成标准作业流程用于使用，使每一个有基础操作的人员可以更好地还原研发出的菜品投入市场
成本核算及价格制定	根据采购价格和原材料记录每一道菜品的成本，根据指定的经营餐品的毛利率，掌握单品的定价来制定活动促销等一系列销售活动

二、学生工作页

（1）通过学习分析网络资料，结合日常生活经验及调查所收集的资料完成一道菜品研发。

（2）学生任务单见表 5-3。

表 5-3　菜品研发（学生任务单）

任务一　菜品研发			
班级		姓名	
菜品名称			
研发原因			
使用原料			
使用调味料			
营养分析			
制作步骤			
成本及定价			

任务二　制定标准菜单

一、任务实施

制定标准菜单流程（图 5-1）任务实施步骤见表 5-4。

表 5-4　制定标准菜单流程

任务二　制定标准菜单流程

任务步骤	任务示范

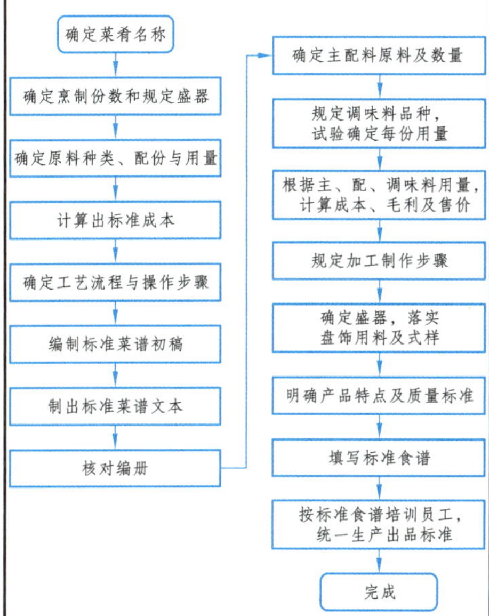

图 5-1　制定标准菜单流程

佛罗伦萨烤白蛙标准菜谱

标准菜谱号：413　　服务的数量：25
产品名称：佛罗伦萨烤白蛙
盛装规格：2 片，加馅
平锅尺寸：大平底锅　　温度：176 摄氏度
盛装器皿：刮铲（调拌用的）；不锈钢勺
特别说明：上菜时可以在边上加鲜肉汁沙司
烹调时间：20 分钟

原料	数量	方法
新鲜白蛙	每片 6 盎司（170 克）共 50 片	选用尾部，片的厚度不超过 0.5 英寸（1.3 厘米）
菠菜	3 磅（1 361 克）	菠菜洗净后去梗，用热水漂烫，沥水，挤干水分，充分切碎，也可以用 2.5 磅（1 134 克）的冷冻盒装菠菜泥代替
面包屑	20 盎司（567 克）	用叉子将面包屑、菠菜、黄油混合
融化的黄油	6 盎司（170 克）	
切碎的欧芹	8 盎司（227 克）	加入剩余原料并充分混合制成馅
鸡蛋液	3 个	
新鲜切碎的酸模叶	8 盎司（227 克）	
新鲜切碎的香草	2 茶匙（28 克）	
新鲜切碎的龙蒿	2 茶匙（28 克）	
碎柠檬皮	1 茶匙（14 克）	
白胡椒粉	1 茶匙（14 克）	
油	4 盎司（113 克）	平锅中加少量底油，将 25 片鱼片放入锅中，鱼皮朝下，在每一片鱼片的上部摸上 1.5 盎司（42 克）的馅，并将馅整理成鱼的形状，放上第二片鱼片，然后轻轻向下压

续表

	融化的黄油	8 盎司（227 克）	将融化的黄油均匀地撒在鱼片上。在 176 摄氏度的温度加热大约 20 分钟，直到内部产品温度达到 63 摄氏度
	顶部装饰用的柠檬	25 个	用柠檬装饰顶部，蔬菜围边后上菜
	特色蔬菜	25 份	
	所需的特别设备：金属棒产品探头温度计		

二、学生工作页

（1）通过学习分析网络资料，结合制定标准菜单的流程来完成一张标准菜单的制作。

（2）学生任务单见表 5-5。

表 5-5 制定标准菜单（学生任务单）

任务二 制定标准菜单			
班级		姓名	
请按照标准菜单流程制定一份你在任务一研发的创新菜品标准菜单：			

06

模块六

采购验收

>>>>>>>>>>>

知识要求

1. 掌握餐饮企业的采购方式。
2. 掌握餐饮企业的采购流程。
3. 掌握餐饮企业的食材采购标准。
4. 掌握餐饮食材的验收和储存标准。
5. 掌握餐饮采购平台。

技能要求

1. 能使用餐饮采购平台。
2. 能按流程完成食材的验收及入库。
3. 能制定餐饮食材发放的管理制度及相关表格。
4. 能在采购、验收、入库管理过程中体现勤俭节约的良好品德。

素质要求

1. 具备良好的职业道德素养和社会责任感。
2. 具备精益求精、吃苦耐劳的工匠精神。
3. 具备艰苦奋斗、勇于创新的劳动精神。
4. 具备餐饮服务人员的综合素质和职业素养。

知识准备

餐饮原料采购是指根据餐饮生产和经营的需求，以合理的价格购买符合餐厅质量标准的餐饮原料。

餐饮原料采购管理是指餐厅为达到最佳经营效果和管理食品成本，对本餐厅所需的餐饮原料的质量标准、价格标准和采购数量标准进行的有效管理。一旦完成菜单计划，基本操作流程中的下一步工作便是采购。菜单决定了要采购的配料及其数量。采购的主要目标之一是从适当的供应商那里以适当的价格购买到质量和数量符合标准的商品。采购是成本和质量控制中最重要的控制点之一。

原料验收是根据餐饮企业制定的食品原料验收程序与食品原料质量标准，检验供应商发送的或由采购员购买的食品原料质量、数量、单价和总额，并将检验合格的各种原料送到仓库或厨房，并记录检验结果的过程，是食品安全管理的第一关。

一、采　购

采购计划是指餐饮企业管理人员在了解市场供求情况，认识企业生产经营活动过程中，掌握物料消耗规律的基础上对计划期内的物料采购管理活动所做的预见性的安排和部署。采购计划是根据生产部门或其他使用部门的计划制订的，包括采购物料、采购数量、需求日期等内容的计划表格。采购计划应在前期采购成本计算的基础上，进一步说明如何对采购过程进行管理。采购计划具体内容应包括：采购方式、采购合同类型、组织采购的人员、管理潜在的供应商、编制采购文档、制定评价标准等。根据项目需要，采购管理计划可以是正式的、详细的，也可以是非正式的、概括的。不管计划形式如何，制订计划的作用只有一个，就是更好地指导采购活动。

（一）制订采购计划

餐饮业采购计划的制定需要由采购部门和厨房等使用部门配合进行，其基本程序如下：

（1）厨房根据库存及所需量填写好菜品申购单，并报厨师长签字批准。“菜品申购单”一式三联，供货商、仓管员、财务部各一联。

（2）仓库、楼面根据库存量遵循“最小库存”原则，上报申购计划，经部门负责人签字，报总经理签字方可。申购计划单一式三联，采购员、仓管员、财务部各一联。

（3）安排组织采购。餐饮管理人员要根据餐厅的运营特点，制订周期性的原料采购计划，并细化审批流程。如每日直接进厨房的原料按当天的经营情况和仓库现有储存量，来制订次日的原料采购量，并由行政总厨把关审核。重要的原料如燕窝、鱼翅、鲍鱼等要实行二级控制，要经总厨申报，餐饮总监审核后报总经理审批。减少无计划采购，对于计划外及大件物品，则必须通过总经理审批，待批准后再进行采购。

一般餐饮业中，直接进厨房的原料大都实行每 10 天为一个定价周期，对于日常价格相对稳定的品种则实行询价、月价制。餐饮部建立周期性市场询价制度并严格落实，以便及时发现市场价格的变动情况，同时开发时令菜肴，丰富菜品种类。

目前，一些大酒店已经熟练运用分级定价方式，有效地制约了投标人、定价人及采购部三方。即投标人每旬投标，定价人和采购部人员共同开箱，采购部输入投标价，餐饮部和采购部从另一方输入市场询价，由定价人根据三个渠道得来的原材料价格信息进行比较、筛选，最后综合情况进行定价。其间，投标人、定价人、采购部三方不见面。

（二）理清采购流程

合理的采购流程是采购工作顺利开展的保障之一。必须由用料部门开具申购单，说明申购理由及要求。申购单上必须有仓管员验证库存情况后的签字（以防物料重复，造成货品积压）。厨房、吧台、前厅、后勤等各部门的申购单先让仓管员验证库存签字后，经总经理或营运部签字核实批示后方可采购。流程为：申购→审核→采购→验收→入库→报销。

（三）确定采购方式

采购是餐厅经营管理一个重要的环节，关系着餐厅菜品的品质和利润，餐饮企业的采购方式有很多种，主要有统一采购、分散采购、本地采购、异地采购、联合招标采购、长期合作采购、同一菜系餐饮企业集中采购、向农户直接采购和自建原材料基地等多种方式。

其中，统一采购可以极大地提高规模效益，减少中间环节，降低采购成本。很多大型餐饮企业采取集团统一采购与各区域分散采购相结合。对价值高、重要的货品实行统一计划、统一采购，以降低采购成本；对批量小的低价值、易耗品以及需要每日采购的果蔬、肉蛋、调料等货品，实行区域分散采购。在日常经营过程中，大量的原材料都在本地就近购买，以便能够及时满足餐饮店的使用需求，但是不同地方的产品，由于产地不同、进货途径不同等原因价格也会有所不同，因此企业可以采用本地采购与外地采购相结合的方式。为降低采购成本和价格，餐饮企业可以在本地区内联合几家企业进行联合招标采购，扩大采购规模，形成规模优势；餐饮企业也可以与供应商签订长期采购合作协议，实行成本定价，以此达到降低成本的目的。对于在同一个城市的同一菜系餐饮企业，由于餐饮企业所用食材和原料大多相同，比如滇菜中用到的野生菌、川菜中用到的花椒和辣椒、湘菜中用到的辣椒等，可以联合起来进行集中采购，建立统一的采购平台。最近几年，部分餐饮企业为确保在原材料供应和采购价格上的自主权，在农村直接建立自己的原材料生产基地，既保证了原材料的数量和质量，也保证了价格的相对稳定，以此避免受到市场经销商、运输等其他因素的干扰。

（四）数字化餐饮采购

餐饮行业是关系着我国经济发展和民生消费的重要产业，提质增效是当前餐饮行业高质量发展的关键。餐饮业具有典型的生产消费同步、产品不可储存等服务业特征，其商品生产、流通、销售等过程往往交叉融合，并在同一空间中进行。“平台驱动型”数字化转型使餐饮企业以更快捷、更全面、更低成本的方式参与到数字时代的餐饮行业竞争中。通过数字工具记录或分析各经营环节的数据，为数字化的服务对象输出可视化的结果，利用现代数字技术和智能设施，将人工控制的经营管理活动，尤其是固定化和重复性的环节转化为按预定程序运行的过程，如面向后厨、采购的分单系统和智慧进销存管理系统等。近几年建设供应链，使用餐饮采购网、餐馆无忧 APP 等方式都是数字化转型背景下餐饮企业的采购方式。供应链是餐饮产业链中的重要一环，贯穿食品生产资源端和餐饮门店需求端。餐饮企业的发展需要依靠供应链的支撑，高效的供应链能够帮助餐饮企业保证食品安全和品质，提高采购和物流效率，在一定程度上控制食材成本，最终提高餐饮企业的标准化程度。具体来说可以降低餐饮企业“三大成本”：规模化采购有助于降低食材成本；中央厨房深加工有助于减少厨房使用面积，从而降低房租成本；净菜加工有助于降低人工成本。

（五）编制采购标准

为了使制订的各种食品原料的规格既符合市场供应，又满足厨房生产需求，厨房管理人员必须严格编制本企业的采购明细单或采购清单。这对采购员来说是最重要的一个工具。

标准采购清单要明确规定企业采购商品的质量、数量和其他特征。标准采购清单是交流的手段，要求管理者明确规定需要什么样的商品，以避免供应商的混乱，促进交易过程的进行。大多数餐厅都使用文字标注采购清单，并且随着条件的改变而定期更新。一般采购清单应包括以下内容：

（1）产品名称：要写通用名称，若在异地采购则应标明别称。

（2）产品用途：明确标明产品的用途，如橄榄（用于鸡尾酒装饰）。

（3）产品概况描述：提供希望采购产品质量的一般信息，比如：“冰山莴苣：头部呈绿色，紧密，无腐烂，卫生和损坏程度在合理的限度内。叶子不超过 10 个，每箱包装为 24 个。”

（4）产品具体描述：应说明有助于清楚地辨别采购产品的其他信息。这些其他信息会随着产品的不同而不同。

（5）产品检验程序：检验程序发生在产品验收和初加工使用过程中，比如：产品送货时的冷藏温度可以用温度计来检验，定量包装的肉饼可随机称量，每箱包装为 24 个莴苣可计数。

（6）特别的说明和需求：明确表明质量所希望的任何所需的额外信息均可包括在此栏中，比如：送货程序，标签和（或）包装要求，特殊的送货和服务要求。

二、验　收

验收控制点在菜单计划和采购控制点之后。验收工作的目的包括检查交付商品的质量和数量，核对价格，最后决定是接受还是拒收交付的商品。在这个控制点，企业拥有了商品的所有权。验收工作做得好，可以把前两个控制点的效益最大限度地发挥出来。因此必须掌握验收、保管知识。收料工作是否迅速与顺利，对食品烹饪加工的产销效率影响极大，餐饮企业应该指定专人负责这一工作，并明确验收的职责。

（一）验收的种类

（1）以权责来区分。

验收分为自行检验、委托检验、工厂检验合格证明三种。自行检验是由买方自行负责检验的工作，大部分餐饮企业均采用此方式；委托检验是由于距离太远或欠缺某项专业知识而委托公证行或某专业的检验机构代替进行的，国外采购或特殊规格采购适用此种检验方法；工厂检验合格证明是由制造方出具的检验合格证书。

（2）以时间来区分。

验收分为报价时的样品检验、生产过程中的抽样检验、正式交货时的进货检验。

（3）以地区来区分。

验收分为产地检验和交货地检验。其中，产地检验是在食材生产或制作场地就地检验；交货地检验根据交货地点有买方使用地点与指定卖方交货地点两种，应根据合约而定。

（4）以数量来区分。

验收分为全部检验和抽样检验。其中，全部检验又称100%检验法，一般特殊且贵重的物品均以此法进行；抽样检验是在每批货品中挑选具有代表性的少数货品作为样品进行检验。

（二）验收的原则

（1）制定标准化规格。

在制定规格时，既要考虑到供应商的供应能力，又要考虑交货后是否便于检验，规格的制定与审查应逐步实现合理化、标准化，验收工作才能有合理的标准可循。

（2）合约条款应明确。

规格涉及食材的质量优劣与价格高低，不能有丝毫含糊，需进行详细明确的规定，必要时应附详细说明，以免发生误会。至于买卖完成后，于合约内也应该对规格进行明确，使交货验收时，不致因内容含糊而产生纠纷。

（3）设立健全的验收组织。

设立专门的验收组织，设计出一套完整的采购验收制度，同时对专业验收人员实施培训，使其具有良好的职业操守以及丰富的知识，能够严密监督考核，发挥验收人员应有的作用。

（4）采购与验收工作严格划分。

直接采购员不得参与验收的工作。一般物料的质量与性能，由验收人员负责，料的形状、数量则由收料人员负责。

（5）讲求效率。

验收工作应力求迅速，讲求效率。

（三）验收的方法

（1）一般验收。

一般验收又可称为目视验收，凡可用一般度量衡器具依照合约规定的数量予以称量或点数的物料均适用这一方法。食材验收有“望”“闻”“问”“切”四种方法。

①“望”就是视觉检验，根据经验用肉眼判断品质的好坏，检查货物的状态。比如：

蔬菜叶子是否有发黄、枯萎、虫蛀或小虫、腐烂压伤等情况；根茎是否有斑疤、破裂、虫洞、淤斑、软烂、畸形等情况；检查预包装食品是否临期等。

②“闻”就是味觉检验，根据原料的味觉特征变化情况来鉴定品质的好坏。检查食材是否有异味，是否具有食材本身的味道，特别是新鲜肉类、米线、面条等。

③“问”就是检查食材的配送数量和申购数量是否相符。

④“切”就是触觉检验，用手检验原料组织的粗细、弹性、硬度等，以确定其品质的好坏。本方法是常用的基本方法。

除以上方法外还可以使用听觉检验的方法鉴定品质的好坏，如鸡蛋，可以用手轻轻摇动，如果有声音则表示鸡蛋坏了。

（2）技术验收。

对于一般目视方式不能鉴定的食材，需由各专业技术人员利用专业仪器进行技术鉴定。

（3）试验验收。

试验验收通常是指某些特殊规格的物料需通过技术上的试验，或需专家复验方能决定其质量或性能的验收。

（4）抽样检验。

凡物料数量庞大，无法逐一检验，或某些物品一经拆封试用不能复原的，均应采用抽样检验的方法。

（四）验收的目标

确保交货的数量符合订货数量，不仅包括所有的进货必须过磅或点数外，还包括进货必须与订货人员所下的订单相符，如果存在差异，则必须立即反映给相关负责人员，进行追踪或做必要的处理。确保交货的质量与采购签订的条件、公司认定的品质规格相一致，严格进行质量管理。这样除了能确保质量外，对供应商也是一项约束，同时可增加采购人员未来与供应商进行谈判的条件。确认进货单据上的单价与采购人员所议定的价格相同。

（五）验收程序

（1）验收前的准备。

收货质量管理人员在工作前须先了解货物的采购规格、交货数量与到货时间，同时准备合格的验收工具，以验收货品的数量与质量。

（2）检查质量规格。

货物到达时，验收人员依订货单确认货物的质量规格是否符合要求。

质量验收的检查方式，可分全数检查（重要物料）或抽样检查（次要物料）。要注意的是，生鲜或冷冻食品的检查须小心且快速，以避免因检查而发生不必要的损耗。

（3）数量检查。

当质量规格经确定后，依订货需求数量对进货数量加以点收，如无误则填写单据后，即可进行入库或交付使用单位。

如条件不符，依合约处理；交料不符，应通知供应商；质量不符，要求退回或减价；

价格不符，要求更正发票；收料多于订货数量，退回或暂收；收料少于订货数量，补送或更正。

（4）填写验收报告表。

验收完成后，应立即填写验收报告表。验收报告一般一式四份，会计留存一份作付款依据，使用单位留存一份（以便了解进货与库存情形，以备配餐参考），采购、仓库也各留存一份（作为工作的依据）。

（六）食材验收标准

食材验收标准包括新鲜度、湿度、颜色、气味、病虫害、农药残留、卫生条件、安全性和营养成分等方面的要求。在食材验收过程中，应对各项指标进行严格把关，确保所使用的食材符合食品安全和卫生标准。同时，对于不同种类的食材，应区别对待，按照其特点进行验收和评估。

（1）新鲜度。

食材新鲜度是保证食品安全和口感的重要因素。验收时需注意食材的产地、运输方式和储存方式。选用新鲜度高的食材，尽量避免使用冷冻或冷藏过的食材。对于鱼类、肉类等食材，应追求鲜活、新鲜。对于水果、蔬菜等季节性食材，应遵循“现买现用”的原则，确保新鲜。

（2）湿度。

食材湿度是影响其品质和保存效果的重要因素。验收时需要关注各类食材的含水量，如蔬菜、水果等。一般而言，水分含量高的食材更易腐烂变质。因此，在验收时应对食材进行严格检查，避免使用过于潮湿或干燥的食材。

（3）颜色。

食材颜色是反映其品质和新鲜程度的重要特征。在验收时，应检查食材的主要颜色、光泽度和匀称度，如发现食材颜色异常、有斑点或光泽度差，需谨慎对待。例如，新鲜的水果和蔬菜应呈现鲜艳的颜色，而变质的食材通常会呈现暗淡或斑驳的颜色。

（4）气味。

食材气味是评价其质量和新鲜度的指标之一。在验收时，应仔细嗅闻食材的香气、口感和味道，如发现食材有异味、酸味、苦味等不良气味，应拒收或谨慎食用。正常情况下，新鲜的食材应具有清香、鲜美等特点。

（5）病虫害。

食材在生长、运输和储存过程中，可能会受到病虫害的侵袭。在验收时，应对食材进行细致的检查，避免使用有病虫害的食材。具体而言，应关注蔬菜的叶片、水果的外皮等部位是否有虫洞、虫卵等异常现象。

（6）农药残留。

农药残留量是衡量食材安全性的重要指标。在验收时，应对各类食材的农药残留量进行严格把关。尽量避免使用农药残留超标的食材。针对不同产地的食材，应了解其种植过程中的农药使用情况，以确保食材安全可靠。

（7）卫生条件。

食材卫生条件是保证食品安全的重要前提。在验收时，应对食材的来源、运输方式和储存方式进行全面考察。首先，应选择具有良好卫生条件的供应商，确保食材在生产、加工过程中符合卫生标准；其次，在运输过程中，应采用封闭性好的容器进行包装，避免污染和病虫害；最后，储存方式也需注意，应选择清洁、阴凉、通风的场所进行储存，确保食材的品质和安全。

（8）安全性。

食材安全性是保证消费者健康的重要因素。在验收时，需要将卫生条件和农药残留量作为衡量食材安全性的重要指标。同时，对于一些需要经过特殊处理或具有一定毒素的食材，如豆角、四季豆等，应进行充分的了解和掌握，确保安全，可以食用。

（9）营养成分。

食材营养成分是评价其营养价值的重要依据。在验收时，应对各类食材的营养成分进行了解和评估。具体而言，应关注食材的种类、产地、运输方式和储存方式等因素对营养成分的影响。同时，对于一些高热量、高脂肪、高糖分的食材，应合理控制摄入量，确保膳食平衡和健康。

三、入　库

食材验收完毕后，一部分食材入库进行储存，一部分食材可直接进入厨房，由厨师开具领料单。储存工作是食材成本控制的重要一环，储存不当会引起食材变质或被偷盗等，从而造成企业成本增加。仓库管理员应具有高度的主人翁责任感，坚持原则、廉洁奉公、忠于职守，做好仓库的管家。仓库钥匙由仓库管理员保管，并应定期更换门锁。不同的食材对储存环境的要求不同，如干货仓库、冷藏室、冷库等，普通食材和贵重食材也应分别储存，各类食材的仓库设计应符合安全和卫生的要求，以杜绝虫害和鼠害，从而保证库存食材的质量。

在储存时，各类食材应有固定的存放位置。通常采用四号定位法，这是仓库管理员准确记录物资位置的一种方法，即用四个号码来表示物资在仓库中的位置的一种物资存储管理办法。四个号码分别是库号（或库内货区代号）、架号（货架、货柜代号）、层号（货架或货柜的层次代号）、位号（层内货位代号）。用这四个号码对库存物资进行编号，经过查阅物资的编号，就可知道该物资存放的具体位置。例如：蒸鱼豉油的编号为 2-12-3-14，即蒸鱼豉油存放在第 2 库的第 12 架的第 3 台的第 14 货位。

入库的每批次食材都应注明进货日期，并按先进先出的原则发放食材，按左进右出的原则及时调整食材的位置，以减少食材损耗。仓库管理员应定时检查并记录干货仓库、冷藏室、冷冻室的温度和湿度，以保证各类食材储存在适宜的环境中。

五五摆放（亦称“五五化堆垛”“仓库管理五五化”）是仓储物资以“五”为基本计数单位进行摆放的一种管理方法。物资按不同品种、规格、形状，以五为基数进行堆垛，既便于盘点发放，又整齐美观，可以提高工作效率，充分利用仓容积。

库房管理要运用 6T 管理模式。6T 管理又称卓越现场管理法。6T 是指 6 个天天要做到的，即天天处理、天天整合、天天清扫、天天规范、天天检查、天天改进。

6T 管理主要用于餐饮单位（食堂），其宗旨是让管理者和一线员工都行动起来，一起找出问题、制定办法并坚持执行。其目标是找到简单易行的现场管理操作方法，使文化程度低、流动性大的一线员工一看就明白自己每天应该做什么、怎么做，继而提高卫生、安全、质量、效益、形象、综合竞争力。在库房管理工作现场中，天天处理，只保留必要的东西；天天整合，将必要的东西加以定位、收放整齐、明确标示、保持随时可取用的状态；天天清扫，把看得到的与看不到的地方都清理，维持工作场所无垃圾、无污秽、无褪色、无剥落、无油渍、无生锈的状态，清洁用具定位；天天规范，采用一目了然的现场管理方法，使各项现场管理要求实现规范化、持续化，让员工明白自己的管理责任；以天天检查、天天改进全面推行颜色和视觉管理，建立经常性的激励制度，将实施的成果制度化、规范化、正常化、日常化、习惯化，从而提升管理品质和管理效率。

任务实施与评价

任务一 编制采购质量标准

一、任务实施

餐饮企业日常工作流程的任务实施步骤见表 6-1。

表 6-1 餐饮企业日常工作流程

<table>
<tr><th colspan="5">任务一 编制采购质量标准</th></tr>
<tr><th>任务步骤</th><th colspan="3">操作示例</th><th>任务描述</th></tr>
<tr><td rowspan="4">阅读示例：肉类质量标准卡</td><td>序号</td><td>类别</td><td>质量标准</td><td rowspan="9">1. 学习食材质量标准卡的编写方法。
2. 讨论评价示例内容与实际工作的可操作性。
3. 根据学习和调研、讨论结果完成任务工单</td></tr>
<tr><td>1</td><td>畜肉类（牛、猪肉）</td><td>（1）猪肉的瘦肉部分为粉红色，肥肉部分为白色，按压有弹性，表面无出水现象。
（2）牛肉的瘦肉部分呈桃红色，肥肉部分呈白色，牛筋为淡黄色。
（3）病畜肉上常有不良颗粒，瘦肉颜色苍白，死畜肉呈暗黑色或放血不清有瘀血现象</td></tr>
<tr><td>2</td><td>禽类</td><td>（1）活的家禽类，头冠鲜红挺立，羽毛光洁明亮，眼睛灵活有神。
（2）杀好的家禽类，以外皮完整光滑、整体肥圆丰满者为佳</td></tr>
<tr><td>3</td><td>内脏</td><td>（1）肝应呈灰红色，筋少、有弹性、无斑点。
（2）猪肝应肥厚、色白、表面光亮、无积水</td></tr>
<tr><td rowspan="5">阅读示例：水产类质量标准卡</td><td>序号</td><td>类别</td><td>质量标准</td></tr>
<tr><td>1</td><td>鱼类</td><td>（1）鳞片整齐且完整。
（2）眼睛明亮，呈水晶状。
（3）鱼鳃鲜红，鱼肚坚挺而不下陷，鱼身结实而富有弹性。
（4）具有自然的鱼腥味而无腐臭味</td></tr>
<tr><td>2</td><td>虾类</td><td>（1）虾身硬挺、光滑、明亮而饱满。
（2）虾身完整，头壳不易脱落。
（3）具有自然的虾腥味而无腐臭味</td></tr>
<tr><td>3</td><td>蟹类</td><td>（1）蟹身丰满肥圆。
（2）蟹眼明亮、肢腿坚挺、胸背甲壳结实而坚硬。
（3）腹白、背壳内有蟹黄</td></tr>
<tr><td>4</td><td>蛤蚌螺类</td><td>（1）外壳滑亮洁净。
（2）外壳互敲时，声音清脆，无腐臭味</td></tr>
</table>

续表

<table>
<tr><td rowspan="4">阅读示例：面粉质量标准卡</td><td>序号</td><td>类型</td><td>特点</td><td>适用范围</td><td rowspan="4"></td></tr>
<tr><td>1</td><td>低筋</td><td>蛋白质含量低，颜色最洁白，紧握后较易成团</td><td>小西点及蛋糕</td></tr>
<tr><td>2</td><td>中筋</td><td>蛋白质介于高、低筋之间</td><td>面条</td></tr>
<tr><td>3</td><td>高筋</td><td>蛋白质含量最高，其色微黄，紧握不易成团</td><td>面包</td></tr>
</table>

二、学生工作页

（1）分成 4 个小组，通过学习分析网络资料，结合日常生活经验完成对餐饮企业日常工作流程的梳理。

（2）学生任务单见表 6-2。

表 6-2　编制采购质量标准（学生任务单）

<table>
<tr><td colspan="4">任务一　编制采购质量标准</td></tr>
<tr><td>班级</td><td></td><td>姓名</td><td></td></tr>
<tr><td colspan="4">根据图片和视频内容完成食材采购质量标准卡</td></tr>
<tr><td>五花肉</td><td colspan="3">质量标准：</td></tr>
<tr><td>鲤鱼</td><td colspan="3">质量标准：</td></tr>
<tr><td>白条鸡</td><td colspan="3">质量标准：</td></tr>
<tr><td>马铃薯</td><td colspan="3">质量标准：</td></tr>
<tr><td>小米椒</td><td colspan="3">质量标准：</td></tr>
<tr><td colspan="4">采购质量控制关键词：</td></tr>
</table>

任务二　餐饮库房管理实务

一、任务实施

餐饮库房管理实务的任务实施步骤见表 6-3。

表 6-3 餐饮库房管理实务

任务二 餐饮库房管理实务	
任务步骤	任务描述
学习库房摆放方法	掌握四号定位法、五五摆放法
学习入库验收细节	掌握 6T 管理
学习领用出库流程	掌握先进先出、左进右出的原则

二、学生工作页

（1）分成 4 个小组，通过学习分析网络资料，观看视频后完成餐饮库房管理实务演练任务单。

（2）学生任务单见表 6-4。

表 6-4 完成餐饮库房管理实务演练（学生任务单）

任务二 完成餐饮库房管理实务演练			
班级		姓名	
实训要求	实训任务		

07 模块七 生产加工

>>>>>>>>>>>

知识要求

1. 了解厨房管理的内涵。
2. 了解厨房的生产布局规范。
3. 了解厨房的质量控制关键点。

技能要求

1. 能在厨房中执行 6T 管理。
2. 能叙述厨房生产的布局。
3. 掌握质量控制，制定控制标准。

素质要求

1. 具备良好的职业道德素养和社会责任感。
2. 具备精益求精、吃苦耐劳的工匠精神。
3. 具备艰苦奋斗、勇于创新的劳动精神。
4. 具备餐饮服务人员的综合素质和职业素养。

知识准备

厨房是集烹制、加工、调理等功能于一体的场所，是食品生产加工的重要区域，是餐饮企业的“心脏”，需要餐厅着重管理。厨房各部门人员要明确自己的岗位职责，只有明确了岗位职责，每个人才知道自己该做什么、该怎么做，以及要承担什么责任，这对维持厨房正常运转非常重要。菜品质量关系着餐饮企业的口碑、收入，菜品质量差，就没有顾客光顾。在管控菜品质量方面，要明确菜品的生产流程，使菜品生产标准化、规格化，并严格管控食材储存和保管的工作。同时，对切配、烹制、打荷等生产过程也要进行质量管控。当然，也不要忽视厨房的日常管理工作和员工的安全管理工作。

一、生产加工管理

（一）厨房的生产布局规范

厨房的生产主要包括加工、切配、烹调三个环节，依据这个生产流程，把厨房分为三个区域，每个区域再布局各自所需设置的部门，从而构成整个厨房体系。

（1）餐饮生产应做到程序化。按照食物的生产流程，选择最短的生产路线。按照粗加工靠近库房和鲜活食品原料入口，形成厨房内食品初加工→食品精加工→食品成品出口→配餐间（传菜间）的流水作业线。

（2）冷菜间要与厨房其他岗位隔开，并靠近食品出口处。

（3）三线平行，即主食生产线、副食品生产线、餐具洗涤消毒线应尽量保持平行，不可交叉或重叠。

（4）四口分设，即食品原料入口、垃圾污物出口分开设立并与粗加工间连接，食品成品出口、餐厅用具入口分开设立并连接餐厅。这样，四条通道用途各异，可以防止食品的交叉污染。

（5）在清洁卫生方面，厨房的生产布局还要符合《中华人民共和国食品安全法》所规定的各项标准。

（二）厨房的岗位协作制度

厨房各岗位每日工作均在厨师长的指挥下完成。

（1）初加工组应将当天所需蔬菜拣剔、去根、去泥，将水产品、禽类剥洗加工，并分类、分级交切配组备用。

（2）切配组应将已定菜 （如宴会、团体餐等预订）和零餐常用菜配好装盘。把肉类和蔬菜原料加工成丝、丁、片、块、花状，分类摆放，置于工作台上，以便取用配盘。

（3）炉灶组负责半成品和汤类的烹制，备足调料，做好烹调前的一切准备工作。

（4）冷菜组负责准备各种冷菜，设计菜单，确保菜品质量和卫生标准，与其他部门协调合作，管理食材库存和成本控制，领导团队成员，进行新员工培训，持续创新开发菜品，保持菜单多样性和吸引力。

（5）面点组负责制作一般的常用点心、面食，并备足当天所需面粉、馅料。

（6）打荷组负责协助炉灶组工作。检查餐饮店每日供应菜品所需餐具的规格和数量，并按要求将餐具分类摆放整齐；负责准备炉头每日所需的汁、酱、汤等，并添加烹饪调味品；就餐结束后，负责收拾全部炉头所用的汁、酱、汤等，并将脏餐具、配菜盘等送洗，协助热菜厨师关闭本区域内全部的水、电、气等开关；还要保持环境、用具和个人卫生。总的来说是码味、上浆、用炉子烹制、协助厨师制作造型的工作。简单地说就是在厨房里面既是一个全能选手也是一个杂工，帮厨师打杂，什么都需要会，但什么都不是一把手。打荷里的“荷”原指“河”，有“流水”的意思。所谓“打河”，即掌握“流水速度”，以协助炒锅师傅将菜肴迅速、利落、精美地完成。打荷人员的配置根据炒锅师傅的数量而定，一般一个炒锅师傅配备一个打荷，大型酒楼会多设置一到两个打荷员，作为机动人员便于调配。按工作能力，打荷依次分为：头荷、二荷、三荷直至末荷。“打荷”又称“打围”“铺案”“掐边”等，它的专业术语又称为“热菜助理”。其工作内容主要包括调料添置、料头切制、菜料传递、分派菜肴给“炉灶”烹调，辅助炉灶厨师进行菜肴烹调前的预制加工，如菜料的上浆、挂糊、腌制，清汤、毛汤的吊制，准备餐盘、盘饰，菜肴装盘，辅助炉灶厨师进行各种调味汁的配制等。打荷岗位对于厨房正常生产秩序的运转和促进菜肴质量的提高起着一个非常重要的作用。

（三）厨房设备的有效管理

根据“分级归口、划片包干”的管理原则，厨房既有使用设备的权利又有管好设备的责任。

（1）专业分工、专人使用，实行包机制。如和面机、压面机、打蛋机、烤箱、微波炉等分包给面点组；将炉灶、煤气炉、压力锅、餐具橱柜、抽油烟机、排风罩等分包给炉灶组。

（2）后厨所有设备做到谁用、谁管、谁养，用、管、养合一。

（3）建立设备技术档案和安全操作规程，经常督促操作人员保养设备，使用正确，以延长设备寿命。

二、厨房安全管理

厨房安全管理对于员工安全、顾客健康、企业形象、合规性、财产保护和效率提升都具有重要意义。在餐饮企业中，厨房的安全事故发生率极高，不安全因素非常多。厨房中有许多火源、电源和机械设备，如果使用保养不当，很容易发生火灾事故；厨房的湿度大、温度高、噪声大、环境条件较差，各岗位多为手工操作，易于疲劳，地面易潮湿，容易造成滑倒、烫伤、灼伤、刀伤、撞伤等事故。厨房各工作间安排紧凑、污染源多，容易因交叉污染而造成食品污染事故，严重的会导致食物中毒。

只有采取有效的预防措施，才能最大限度地防止事故发生。

（一）厨房滑倒、碰撞事故的防范制度

滑倒和碰撞是厨房工作中最易发生的事故，在所有工伤事故中所占比例高达 40% 以上，应当引起高度的重视。可采用的预防措施如下：

（1）厨房地面略呈龟背状倾斜，以便于冲洗和干燥，在靠墙处设排水明沟，地面用

防滑材料铺设。

（2）随时清除地面和墙面的油渍、水渍、污物、垃圾，严格保持清洁干燥。

（3）合理安排生产流程，生产作业线、垃圾清除线、餐具洗涤消毒线和出品传送线互不交叉、互不干扰，以防人员碰撞和滑倒。

（4）清除所有动线上的障碍物，在通道、阶梯拐弯处设置明显的标志，设备之间要有足够宽度的间距。

（5）厨房人员必须穿防滑工作鞋上班，鞋带要系紧，脚不外露，严禁在厨房内跑跳。

（6）发现地砖不稳，要立即修理。排水沟隔渣铸铁栅要将水沟全部覆盖。

（7）厨房内应有充足的照明。

（二）厨房烫伤、灼伤事故的防范制度

对于烫伤、灼伤多发生的炉灶部门，可采用的预防措施如下：

（1）炉灶操作人员在烹制食品过程中，应避免直接接触高温炊具、炉具。必要时，应戴上手套或用布隔热，以防烫伤、灼伤。在运送食品过程中使用托盘或推车，注意相互避让。

（2）使用油炸锅炉时，严禁水分溅入，以免引起爆溅灼伤。使用中的烤箱、烤炉严禁直接接触。使用蒸锅或蒸汽箱时，要先关闭阀门再背向揭开蒸盖或蒸箱门。

（3）在煮锅中搅拌食物时要用长柄勺，防止卤汁溅出烫伤。容器中盛装热汤要适量，运送中用垫布并提醒他人。

（4）清洗设备必须等待冷却后再进行，严禁在炉灶间和热源处嬉戏打闹。

（三） 厨房电击伤事故的防范制度

厨房中电器设备多，极易造成触电事故，可采用的预防措施如下：

（1）电源装置必须在离地 1.5 米以上靠墙壁安装，电器机械和设备必须装有安全的接地线。

（2）使用前检查设备的安全状况，如闸盒、线路接头、绝缘是否良好，有无损伤、脱落或老化现象，使用中若发现异常应立即切断电源，请专职电工维修。

（3）严禁湿手接触电源插座和电气设备，清洁设备时，要先切断电源，然后操作。

（4）禁止厨房人员对电路和设备擅自进行拆卸维修。已有隐患的设备要立即停用报修。

（四）厨房切割伤和机械事故的防范制度

厨房切割伤和机械事故主要是由于使用刀具和电气设备不当所引起的，可采用的预防措施如下：

（1）对厨房中的所有电器设备实行包机制，操作人员必须严守操作规程和安全制度，切实做到谁用、谁管、谁养，用、管、养合一。

（2）厨师用刀操作时要按正确方法使用刀具，持刀时严禁指手画脚、刀口向人，将刀放在工作台边、放入水池都是不良习惯。

（3）加强刀具管理。厨房中要设置刀具柜和刀具架，上班时专人定点使用，下班后集中存放保管。

（4）员工如已受到伤害，应立即送医院治疗，并通知其家属。在伤口未愈合之前，伤员不应与食品有接触。

（5）严格按照操作规程安全使用机动设备。使用绞肉机时必须用专用的填料器推压食品，清洗设备前应先切断电源，清洁锋利部位要谨慎小心，将抹布折叠到一定厚度，从刀的中间部位向刀口部位擦抹。

（6）破碎的玻璃器皿和陶瓷残片要及时处理，严禁用手直接拾取，应用扫帚等工具清扫，并倒入有害标志垃圾箱。

（五）扭伤事故的防范制度

多数扭伤事故的发生是因为搬运重物的方法不正确而引起的，可采用的预防措施如下：

（1）教会员工搬运物品、装卸物品的正确方法。搬物时要站稳脚跟，保持腰背挺直，不要向前倾斜或向侧面弯曲。

（2）从地面取物时，膝盖弯曲，全身重心应放在腿部而不是腰背部。

（3）搬运物品时切忌超负荷搬运，超重物品要用手推车运送或请求同事帮助。

（六）食品卫生警示制度

（1）保持食品新鲜。水果及蔬菜在存放前必须洗干净，取出时要再清洗才能用。

（2）肉类及海鲜容易变坏，肉类不能露天存放超过一天，如果有变味、变色绝不能食用。

（3）生熟食物、干湿食物均应分开存放。凉菜拼盘、糕点裱花应在专用间由专人负责操作，其他人员不得进入专用间。

（4）所有碗碟食具不得放置于地面上，至少离地面不少于 45 厘米。

（5）应经常保持托盘及工作台面的清洁，以避免玷污干净的餐具及食品。保持餐具清洁，不用有污渍、破损的餐具。

三、质量控制

厨房质量控制是餐厅运营中的关键环节。通过制定标准、重视流程控制和现场管理、采取有效的控制方法以确保厨房工作的高效和高质量，提高顾客满意度，促进餐厅的长期发展。

（一）制定控制标准

制定标准可统一生产规格，保证产品的标准化和规格化。制定可作为厨师生产制作的标准，作为管理者检查控制的依据。这种标准通常有以下三种形式。

1. 标准菜谱

标准菜谱是以菜谱的形式，列出用料配方，规定制作程序，明确装盘形式和盛器规格，明确菜肴的质量标准，以及该份菜肴的可用餐人数、成本、毛利率和售价。制定标准菜谱要求菜谱的形式和叙述应该简单易懂，便于阅读。标准菜谱的制定形式可以变通，但一定要有实际指导意义，它是一种控制工具，也是厨师的工作手册。

2. 标量菜单

标量菜单是一种简单易行的控制工具，它是在菜单的菜名下面，分别列出每个菜肴的用料配方，作为厨房备料、配份和烹调的依据。在使用标量菜单进行控制时，需另外确定加工规格来控制加工过程的生产，避免原料在加工过程中浪费。

3. 生产规格

生产规格是指加工、配份、烹调等三个流程的产品制作标准。它包括了加工规格、配份规格、烹调规格，用这种规格来控制各流程的制作。加工规格主要是规定原料加工的用料要求、成形规格、质量标准。配份规格主要是规定具体菜肴配制的用料品种和数量。烹调规格主要是规定加热成菜的调味汁比例、盛器规格和装盘形式。以上每一种规格就成为每个流程的工作标准，可用文字制成表格，张贴在工作处随时对照执行，使每个参与制作的员工都明白自己的工作标准。

（二）生产制作过程控制

1. 食材的领用、保管、质量控制

督促做好食材的领用、保管和质量控制工作，厨师长应每天在进货一览表上签署食材质量检查意见，严把食材进货质量关。每周例会上，采购负责人、厨师长、分管领导要就食材问题向餐饮经理述职，及时处理和解决出现的问题。厨房的食材储备量要合理，以免量多变质。食材从进货到使用原则上不得超过 3 天，存放时间超过 3 天的食材要及时报告主厨，并填入“当日菜品信息通知单”通知服务人员推销。专人负责厨房各冰箱的管理工作，食材要分类存放并注明进货日期。冰箱每周至少彻底清洗一次，保持环境、用具和个人卫生。

2. 加工过程的控制

加工过程包括了原料粗加工和细加工。粗加工是指原料的初步整理和洗涤，而细加工是指对原料的切制成形，在这个过程中应对加工净出率、加工质量和数量加以严格控制。加工过程的控制应规定原料的各种浸出率指标，要严格控制原料的成形规格以及原料的卫生安全标准，凡不符合要求的加工产品不能进入下道工序，应重新处理或另作别用。加工质量是直接关系菜肴的色、香、味、形，因此加工任务的分工要细，一方面有利于分清责任；另一方面可以提高厨师的专项技术的熟练程度，有效地保证加工质量。以销售预测为依据，以满足需要为前提控制加工数量，留有适量的储存周转量，避免加工过量而造成质量问题，并根据剩余量不断调整每次的加工量。

3. 配份过程的控制

配份过程的控制是食品成本控制的核心，也是保证成品质量的重要环节。配份是根据菜品的质量和成本的要求，将各种加工成形的原料进行适当配制，烹制成完整的菜品或制作成可以直接食用的菜品的过程。

在配份中应使用称量、计数和计量等控制工具执行规格标准。通常的做法是每配两份到三份称量一次，如果配制的份量合格则可接着配，如果认为配量不准，那么后续每份都要称量，直至确保合格为止。配份控制的另一个关键是凭单配发，配菜厨师只有接

到餐厅客人的订单，或者规定的有关正式通知单才可配制，以保证配制的每份菜肴都有凭据。另外，要杜绝配制中的失误，如重复、遗漏、错配等。

4. 烹调过程的控制

烹调过程是影响菜肴色泽、质地、口味、形态的关键因素，因此应从烹调厨师的操作规范、制作数量、出菜速度、剩余食品等几个方面加强监控，监督炉灶厨师严格按操作规范工作，任何违规做法和影响菜肴质量的做法都应立即加以制止。严格控制每次烹调的生产量，少量多次地烹制应成为烹调控制的根本准则。在开餐时，要对出菜的速度、菜品的温度、装量规格保持经常性的监督，禁止一切不合格的菜肴出品。剩余食品在经营中也是一种浪费，过量生产造成的剩余现象应当彻底消除。

5. 打荷质量控制

打荷了解本灶应出菜品的工艺要求，熟悉菜品的基本烹饪方法，协助热菜及切配组领取当日厨房所需的食材，要拒绝使用变质或加工和配菜不符合要求的食材；掌握各种零点及宴会菜肴的装盘要求和装饰技巧；检查每日宴会和零点的配菜食材的品种、数量，检查需提前装饰的餐盘，并将宴会所用的餐具全部准备妥当，如与宴会要求不符，及时通知切配厨师调整；灵活掌握菜品的出菜顺序，以先到先制、先食先做和催菜优先为原则，接到顾客催菜后要及时分派给热菜厨师进行烹制；与划菜、传菜员密切配合将检查确认无异物的菜品及时传向正确的地点。

（三）常见控制方法

为了保证控制的有效性，除了制定标准、重视流程控制和现场管理，还必须采取有效的控制方法。

1. 程序控制法

在加工、配份、烹调的三道程序中，每一道程序都应是前一道程序的控制点，每一道程序的生产者，都要对前一道程序的食品质量实行严格的检查控制，不符合标准的要及时提出，帮助前一道程序纠正错误。

2. 责任控制法

每位员工必须对自己的生产质量负责，各部门负责人必须对本部门的生产质量进行检查控制，并对本部门的生产问题承担责任。主厨要把好出菜质量关，并对菜品的质量和整个厨房的生产质量负责。

3. 重点控制法

把那些经常出现问题和容易出现生产问题的环节和部门，作为控制的重点。这些重点不是固定不变的，这一时期哪几个环节出现生产问题较多，就对这几个环节加强控制，当某一时期重点控制的生产问题得到解决之后，再确立下一时期的控制重点。

任务实施与评价

任务一 完成 6T 管理实务

一、任务实施

6T 管理实务的任务实施步骤见表 7-1。

表 7-1 6T 管理实务

任务一 6T 管理实务	
任务步骤	任务描述
理论学习 定基础	6T 管理，又称卓越现场管理法，是指 6 个天天要做到，即天天处理、天天整合、天天清扫、天天规范、天天检查、天天改进。其目的是改善卫生、安全、质量、效益、形象、综合竞争力。天天处理只保留必要的东西；天天整合，将必要的东西加以定位、收放整齐、标识清晰、保持随时可取用的状态；天天清扫，把看得到的与看不到的地方都清理，维持工作场所无垃圾、无污秽、无褪色、无剥落、无油渍、无生锈的状态，打扫用具定位、清洁；天天规范，采用一目了然的现场管理方法，使各项现场管理要求实现规范化、持续化，让员工明白自己的管理责任；以天天检查、天天改进全面推行颜色和视觉管理，建立经常性的激励制度，将实施的成果制度化、规范化、正常化、日常化、习惯化，从而提升管理品质和管理效率
网络学习 寻标杆	通过网络学习寻找关于厨房采用 6T 管理模式的图片资料，作为自己的学习标杆
自己动手 显 6T	在自己的实训室、教室、宿舍里完成 6T 管理实务，并对比分享前后效果

二、学生工作页

（1）分成 3 个小组，通过学习，在自己的实训室、教室、宿舍里完成 6T 管理实务，并对比分享前后效果。

（2）学生任务单见表 7-2。

表 7-2 6T 管理实务（学生任务单）

任务一 6T 管理实务			
班级		姓名	
实训室 6T 管理方案：		实训室 6T 管理效果：	

续表

教室 6T 管理方案：	教室 6T 管理效果：
宿舍 6T 管理方案：	宿舍 6T 管理效果：

任务二　厨房关键岗 6T 管理规范

一、任务实施

厨房关键岗 6T 管理规范的任务实施步骤见表 7-3。

表 7-3　厨房关键岗 6T 管理规范

任务二　厨房关键岗 6T 管理规范	
任务步骤	任务描述
处理不需要的东西 根据卫生清洁计划标准做清洁工作 所有物料、文件、工具、仪器以及私人物品都放在指定位置 检查所有设施、设备、电源、燃气是否关闭以及安全情况 检查当班工作是否完成，准备明天的工作	以灶台为例介绍灶台 6T 规范： 1. 每餐结束后将所有用具归位。 2. 炒锅清洗干净，卡在锅架上。 3. 手勺把卡在炒锅左耳里，斜竖起。 4. 纱布洗净后，拧干水后叠成豆腐块形放在锅架的左边。 5. 油桶滤净油渣，清洗干净后整齐摆在油架上。 6. 锅垫、漏勺、密漏洗净擦干依次叠放在操作台指定位。 7. 灶台排烟罩顶部每餐保持干净整洁，保持排烟沟、槽，外部塑钢罩，突出不锈钢等原有的光泽。 8. 灶头周围的卫生、灶台、灶底、灶腿每餐保持干净整洁，无油污、无黑灰、灶台无水珠。 9. 每餐结束后，调料盒、调料台整理整齐，保持每个调料盒卫生无杂物、无异味，干净明亮。 10. 每餐结束后保持地面、排水沟卫生干净。 11. 有墙面的区域每餐结束后保持墙体无油污、无水迹，保持洁净明亮。 12. 荷台保持柜门、柜内、柜腿干净整洁，突出不锈钢原有的光泽。 禁忌：灶台烧热油及加工原料时若离开岗位必须先关闭燃气再离开灶台
天天改进	1. 学习灶台 6T 规范，并提出改进意见。 2. 完成厨房砧板、面案、洗碗、初加工、凉菜岗位的 6T 管理规范

二、学生工作页

（1）分成 4 个小组，通过学习分析网络资料，完成厨房关键岗 6T 管理规范编写。

（2）学生任务单见表 7-4。

表 7-4 厨房关键岗 6T 管理规范编写（学生任务单）

任务二 厨房关键岗 6T 管理规范编写			
班级		姓名	
砧板岗 6T 规范			
面案岗 6T 规范			
洗碗岗 6T 规范			
初加工岗 6T 规范			
凉菜岗 6T 规范			

任务三 规范厨房生产流程

一、任务实施

厨房生产流程任务实施步骤见表 7-5。

表 7-5 厨房生产流程

任务三 厨房生产流程	
任务步骤	任务描述
 观看宣威小炒肉教学视频	通过教学视频的学习，完整描述宣威小炒肉的生产流程：
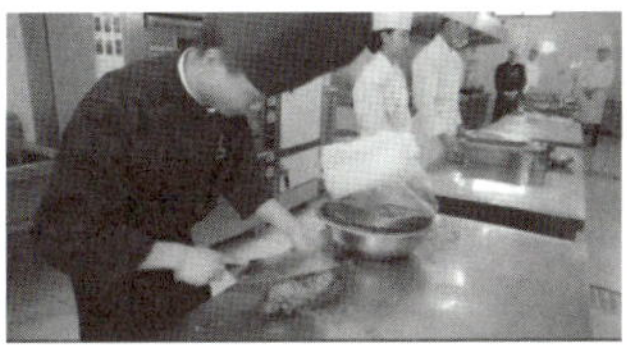 观看清蒸鱼教学视频	通过教学视频的学习，完整描述清蒸鱼的生产流程：
 观看干巴菌炒饭教学视频	通过教学视频的学习，完整描述干巴菌炒饭的生产流程：
 观看厨房生产部门介绍	通过教学视频的学习，了解厨房生产部门及其工作流程，并完成厨房生产流程图的绘制：

二、学生工作页

（1）分成 4 个小组通过对宣威小炒肉教学视频、清蒸鱼教学视频、干巴菌炒饭教学视频的、厨房生产部门介绍的学习，完成厨房生产步骤图的绘制。

（2）学生任务单见表 7-6。

表 7-6 学生任务单

任务三 完成厨房生产步骤图的绘制			
班级		姓名	

任务四 后厨岗位职责

一、任务实施

后厨岗位职责任务实施步骤见表 7-7。

表 7-7 了解后厨岗位职责

任务四 后厨岗位职责			
学习对头锅、水台岗位的岗位职责，明确岗位制作表中的关键要素有哪些，为制定打荷岗位职责表做准备。找出数字资源（请扫描前言中的二维码）中存在的错误并提出解决方案			
岗位名称	头锅	岗位编号	
所在部门	餐饮部	岗位定员	
直接上级	厨师长	工资等级	
直接下级	厨房员工	薪酬类型	
工作综述			
带领本组员工及时按规格烹制不同风味的零点菜肴，安排打荷工作，做到出品质量稳定，风味纯正，前后有序			
职责与工作任务			
职责一	职责表述：根据营业情况，熟悉菜单，合理调配打荷、炒灶，汤锅、油锅、蒸菜的各岗位工作		
	工作任务	合理调配打荷、炒灶，汤锅、油锅、蒸菜的各岗位工作	

续表

职责二	职责表述；安排本组员工值班，轮休、负责本组员工工作表现的考核、评估	
	工作任务	安排本组员工值班，轮休
		负责本组员工工作表现的考核、评估
职责三	职责表述：负责检查员工设备及用具的维护与保养，对需修理或添补的设备和用具提出建议	
	工作任务	负责检查员工设备及用具的维护与保养
		对需修理或添补的设备和用具提出建议
职责四	职责表述：调制菜肴的调料汁，确保口味统一，督促打荷备齐各类餐具	
	工作任务	调制菜肴的调料汁
		督促打荷备齐各类餐具
职责五	职责表述：安排员工做好开餐前的准备工作	
	工作任务	合理安排原料、用具
		指导员工按酒店要求做好准备工作
权力		
权限一：对本组员工合理使用原材料有监督权		
权限二：负责本组员工的工作表现的考核、评估权力		
工作协作关系		
内部协调关系		
外部协调关系		
任职资格		
教育水平	中专及以上	
专业	烹饪工艺与营养专业	
培训经历	岗位操作培训	
经验	五年以上本岗位工作经验	
知识	美学知识、食品卫生知识	
技能技巧	烹饪技能	
个人素质	个人能力	组织能力、协调能力
	身体素质	身体健康、无传染病、有充沛精力
其他		
使用工具/设备	炒炉	
工作环境	高温、油烟	
工作时间特征	正常工作时间	
所需记录文档		
考核指标		
月经营收入在计划内		
月成本率在计划成本率内		

续表

<table>
<tr><td>岗位名称</td><td>水台</td><td>岗位编号</td><td></td></tr>
<tr><td>所在部门</td><td>餐饮厨房</td><td>岗位定员</td><td></td></tr>
<tr><td>直接上级</td><td>砧板厨师</td><td>工资等级</td><td></td></tr>
<tr><td>直接下级</td><td></td><td>薪酬类型</td><td></td></tr>
<tr><td colspan="4">工作综述</td></tr>
<tr><td colspan="4">负责将蔬菜、家禽、水产原料的初步管理，洗涤加工；并负责厨房区域的地面清洁卫生</td></tr>
<tr><td colspan="4">职责与工作任务</td></tr>
<tr><td rowspan="3">职责一</td><td colspan="3">职责表述：在砧板厨师的指导安排下，具体负责食品原料的初步加工整理工作</td></tr>
<tr><td rowspan="2">工作任务</td><td colspan="2">开档时向砧板厨师了解加工原料的情况</td></tr>
<tr><td colspan="2">按照加工要求，规范加工原料</td></tr>
<tr><td rowspan="3">职责二</td><td colspan="3">职责表述：负责将蔬菜的原料按规格要求去皮、筋、枯叶、虫卵等杂物，洗涤干净</td></tr>
<tr><td rowspan="2">工作任务</td><td colspan="2">每日将蔬菜原料放入消毒液内浸泡，再漂洗干净</td></tr>
<tr><td colspan="2">将漂洗干净的原料根据菜肴要求去皮、筋等杂物，达到质量要求</td></tr>
<tr><td rowspan="3">职责三</td><td colspan="3">职责表述：负责将动物、鱼虾原料按规格去净羽毛、鳞壳、脏器等杂物，洗涤干净</td></tr>
<tr><td rowspan="2">工作任务</td><td colspan="2">将每日购进原料按需加工。即按规格要求使之成为光料并洗涤干净</td></tr>
<tr><td colspan="2">对需现场宰杀的原料妥善饲养</td></tr>
<tr><td rowspan="2">职责四</td><td colspan="3">职责表述：认真钻研加工业务，努力提高切割率，保证加工原料符合营养卫生要求及规格质量标准</td></tr>
<tr><td>工作任务</td><td colspan="2">随时清洗地面，收档后冲洗干净。每周六配合厨房大扫除</td></tr>
<tr><td rowspan="3">职责五</td><td colspan="3">职责表述：妥善保管加工用具</td></tr>
<tr><td rowspan="2">工作任务</td><td colspan="2">积极加强专业技能训练，合理使用加工用具</td></tr>
<tr><td colspan="2">收档时妥善保管加工用具</td></tr>
<tr><td colspan="4">权力</td></tr>
<tr><td colspan="4">权限：对每日申购单的建议权</td></tr>
<tr><td colspan="4">工作协作关系</td></tr>
<tr><td colspan="2">内部协调关系</td><td colspan="2">砧板厨师</td></tr>
<tr><td colspan="2">外部协调关系</td><td colspan="2"></td></tr>
<tr><td colspan="4">任职资格</td></tr>
<tr><td colspan="2">教育水平</td><td colspan="2">中专及以上水平</td></tr>
<tr><td colspan="2">专业</td><td colspan="2">烹饪工艺与营养专业</td></tr>
<tr><td colspan="2">培训经历</td><td colspan="2">接受过岗位培训、入店教育</td></tr>
</table>

续表

经验	有一年以上的厨房工作经历
知识	熟悉原材料的初步加工方法
技能技巧	了解各式原料及切割要求
个人素质	个人能力、实施能力、计划能力
	身体素质身体健康、无传染病，无色盲，嗅觉灵敏
其他	
使用工具/设备	各种餐具、器皿、刀具
工作环境	特殊工作环境，较潮湿
工作时间特征	正常上班、偶尔加班
所需记录文档	
考核指标	
工作考核按岗位考核标准执行	
营业收入指标达到酒店指标	

二、学生工作页

（1）分成 4 个小组通过对头锅、水台岗位的岗位职责，明确岗位制作表中的关键要素，制定打荷岗位职责表。

（2）学生任务单见表 7-8。

表 7-8 学生任务单

任务四　制定打荷岗位职责表			
班级		姓名	

模块八 食品安全

知识要求

1. 明白厨房卫生的重要性。
2. 熟悉厨房卫生规范。
3. 掌握原料加工阶段卫生管理。
4. 掌握菜点生产阶段卫生管理。
5. 掌握菜点销售服务卫生管理。
6. 熟悉食物中毒及其特征。
7. 熟悉食物中毒的种类并懂得如何防范。
8. 学会食物中毒事件的处理。

技能要求

1. 熟悉食品卫生相关法律法规。
2. 了解生产流程中卫生的重要性。
3. 熟悉处理食物中毒事件的流程。

素质要求

1. 具备良好的职业道德素养和社会责任感。
2. 具备精益求精、吃苦耐劳的工匠精神。
3. 具备艰苦奋斗、勇于创新的劳动精神。
4. 具备餐饮服务业人员的综合素质和职业素养。
5. 增强工作责任和食品卫生意识。

知识准备

民以食为天，食以安为先，目前，使用污染变质的食品，滥用食品添加剂等现象层出不穷。作为一个餐饮从业人员必须了解食品污染变质的原因，食品保鲜、保藏的方法，正确地使用食品添加剂，做好各种预防措施，保证原料的安全。

一、食品安全的基本概念

《中华人民共和国食品安全法》第一百五十条对“食品”的定义为：食品，指各种供人食用或者饮用的成品和原料以及按照传统既是食品又是中药材的物品，但是不包括以治疗为目的的物品。

食品安全指食品无毒、无害，符合应当有的营养要求，对人体健康不造成任何急性、亚急性或者慢性危害。根据倍诺食品安全定义，食品安全是食物中有毒、有害物质对人体健康影响的公共卫生问题。食品安全也是一门专门探讨在食品加工、存储、销售等过程中确保食品卫生及食用安全，降低疾病隐患，防范食物中毒的一个跨学科领域，所以食品安全很重要。

无公害食品指的是无污染、无毒害、安全优质的食品。在国外称无污染食品、生态食品、自然食品。在我国，无公害食品生产地环境清洁，按规定的技术操作规程生产，将有害物质控制在规定的标准内，并通过部门授权审定批准，可以使用无公害食品标志的食品。

绿色食品，是指产自优良生态环境、按照绿色食品标准生产、实行全程质量控制并获得绿色食品标志使用权的安全、优质食用农产品及相关产品。绿色食品标志如图 8-1 所示。

图 8-1　绿色食品标志

有机食品也叫生态或生物食品等。有机食品是国际上对无污染天然食品比较统一的提法。有机食品通常来自有机农业生产体系，根据国际有机农业生产要求和相应的标准生产加工的。

转基因食品指的是利用转基因生物技术获得的转基因生物品系，并以该转基因生物为直接食品或为原料加工生产的食品称为转基因食品。凡是通过法律认可的转基因产品，都是经过系统的、规范的食品安全检验的验证，对于人体的健康是安全的。国内的转基因食品都要求强制标识，消费者可以自由选择对其消费与否。

二、食品污染的原因及预防

（一）食品污染

食品本身不应含有有毒有害的物质。但是，食品在种植或饲养、生长、收割或宰杀、加工、储存、运输、销售到食用前的各个环节中，由于环境或人为因素的作用，可能使食品受到有毒有害物质的侵袭而造成污染，使食品的营养价值和卫生质量降低。这个过程就是食品污染。

（1）原因。

食品一旦受污染，就会危害人类的健康。食品污染是指人们吃的各种食品，如粮食和水果等，在生产、运输、包装、储存、销售、烹调过程中，混进有害物质或病菌。食物污染可分为生物性污染、化学性污染、物理性污染。

（2）分类。

①生物性污染：在各种条件下，由微生物、寄生虫等造成食品安全性、营养性和（或）感官性状发生改变的过程。食品的生物性污染包括微生物污染、寄生虫污染、昆虫污染等。其中微生物包括细菌及细菌毒素、真菌及真菌毒素和病毒。

②化学性污染：在各种条件下，由化学物质造成食品安全性、营养性和（或）感官性状发生改变的过程。食品化学性污染是由有害有毒的化学物质污染食品引起的。食品中常见的化学污染物：农药、兽药、有毒金属、N-亚硝基化合物、多环芳烃化合物、杂环胺类化合物、氯丙醇、丙烯酰胺、食品容器、包装材料等。

③物理性污染：来源于复杂的多种非化学性的杂物，虽然有的污染物可能并不威胁消费者的健康，但是严重影响了食品应有的感官性状和（或）营养价值，食品质量得不到保证。其主要来自食品产、储、运、销的污染物，如粮食收割时混入的草籽、液体食品容器池中的杂物、食品运销过程中的落入的灰尘及苍蝇等。食品的掺假使假，如粮食中掺入的沙石、肉中注入的水、奶粉中掺入大量的糖等。食品的放射性污染，主要来自放射性物质的开采、冶炼、生产、应用及意外事故造成的污染。

（二）食品变质

（1）原因。

食品变质的原因一般包括：微生物的繁殖引起的食品腐败变质；空气中氧的作用，引起食品成分的氧化变质；食品内部所含的氧化酶、过氧化酶、淀粉酶、蛋白酶等会促进食品代谢作用的进行，产生热、水蒸气和二氧化碳，致使食品变质；昆虫的侵蚀繁殖和有害物质间接与直接污染，致使食品腐败。

（2）分类。

① 变黏：食品变黏主要是由于细菌生长代谢形成的多糖所致，常发生在以碳水化合物为主的食品中。常见的使食品变黏的微生物包括：黏液产碱杆菌、类产碱杆菌、无色杆菌属、气杆菌属、乳鼓杆菌、明串珠菌等。少数酵母也会使食品腐败变黏。

② 变酸：食品变酸常发生在碳水化合物为主的食品和乳制品中。食品变酸主要是由于腐败微生物生长代谢产鼓所致，主要的微生物包括：醋酸菌属、丙酸菌属、假单孢菌属、微球菌属、乳胶链球菌属和乳酸杆菌科备用细菌等。少数霉菌如根霉菌也会利用碳

水化合物产鼓，从而造成食品腐败变质。

③ 变臭：食物变臭主要是由于细菌分解蛋白质为主的食品产生有机胺、氨气、硫酸和粪臭素等所致。常见的分解蛋白质的细菌包括：梭状芽孢杆菌属、变形杆菌属、芽孢杆菌属等。

（3）辨别。

① 从嗅觉判别食物是否变质。

食品腐败变质会产生异味，如腐臭味、酸味或酒味、霉味、哈喇味等。

a. 腐臭味：蛋白质在微生物和酶的作用下，会被分解为有机胺、硫化物、粪臭素和醛等物质，具有恶臭味。

b. 酸味或酒味：富含碳水化合物类的食物，在变质时会产生有各自特征的酸味。因为碳水化合物会分解产生单糖、双糖、有机酸、醇、醛类物质，所以会产生酸味或酒味。

c. 霉味：受霉菌污染的食物在温暖潮湿的环境下常会发霉变质。粮食是霉菌损害最严重的食物，比如黄曲霉毒素，所以食物发霉后一定要坚决丢弃。

d. 哈喇味：富含脂肪的食物变质，会产生一股又苦又麻、刺鼻难闻的味道，俗称哈喇味。在紫外线、氧气和水分的影响下，脂肪会发生氧化，出现酸败，产生哈喇味。

② 从视觉判别食物是否变质。

当微生物繁殖引起食品腐败变质时，食品色泽就会发生改变，常会出现黄色、紫色、褐色、橙色、红色和黑色的片状斑点或全部变色。这是因为微生物产生的霉菌不一样，所以会产生不同颜色的片状斑点。

③ 从触觉辨别食物是否变质。

食品变质可使组织细胞破坏，造成细胞内容物外溢，食品会变形、软化。其中，鱼、肉类食品变质，肉质会变得松弛、弹性差，摸起来发黏等。液态食品变质，会出现浑浊、沉淀、变稠等现象。变质的牛奶可出现凝块、乳清析出、变稠等现象，有时还会产生气体，出现胀袋现象。

（4）危害。

被污染的食物遇到适宜的温度，细菌和真菌就会大量繁殖，并分解食物中的蛋白质、脂肪和碳水化合物等营养物质。在这个过程中，食物本身含有的某些酶类也能促进食物成分的分解，进而加速食物变质进程。

① 肠道炎症：肠道炎症是食用变质食物给人体带来的最常见危害。变质食物中含有大量沙门氏菌、金黄色葡萄球菌等，这些细菌进入人体后，会剧烈刺激人体肠道，引发急性肠胃炎、细菌性痢疾等疾病。一般表现为腹痛、恶心呕吐和腹泻等。

② 食物中毒：食物变质后会在微生物代谢的作用下产生许多有毒物质。例如，变质的银耳和变质的淀粉类制品容易产生米酵菌酸。这种毒素能对人体重要器官造成不可逆的损伤，并且目前医学上对此没有特效解毒药物。食物中毒轻则表现为恶心呕吐，重则会引发黄疸、尿血、呕血，甚至导致死亡。

③ 致癌：变质食物的致癌性主要跟黄曲霉毒素有关。黄曲霉菌是目前已知的最强致癌物之一，极易在粮食、油料作物、干果类食品中滋生，肉食、奶制品也可能出现黄曲霉毒素污染。黄曲霉毒素的毒性极强，短期内大量摄入会导致肝脏受损，长期摄入则会

极大增加患癌风险。

（5）预防措施。

① 食物煮好后应尽量当天吃完，熟食在放置 4～5 小时后就可能会产生大量的有害细菌。因此，熟食如果需要存放 4～5 小时，应置于低温条件下保存。

② 食物必须煮熟、烧透后再食用，尤其要注意家禽、肉类和牛奶。

③ 应选择已加工处理过的食品，如消毒的牛奶或检疫合格的肉类，不要吃野味。

④ 冰箱存放过的食物必须重新加热至 70° C 以上再食用。生食与熟食应用不同的切板和刀加工，并分别盛放。

⑤ 保持烹饪用具、厨具、餐具清洁，有条件者最好消毒后再使用。

⑥ 处理食品前应先洗手。便后以及为婴幼儿更换尿布后、为宠物铲屎后更应该洗手，手上皮肤有破损时避免直接接触食材。

⑦ 保持厨房环境清洁，生活垃圾分类及时处理，避免滋生苍蝇、臭虫等。对于疑似被污染的食材建议丢弃。

⑧ 应保证饮用水清洁。对于浑浊或明显异味的水源应进行专业检测，确定安全后再饮用，并且避免饮用生水

三、食品中毒与预防

（一）食品中毒的特征

（1）发病与食品有关，中毒者在相近时间内都食用过同样中毒食品，未食用者不中毒，停止食用该食品后发病很快停止。

（2）食品中毒呈暴发性发病，发病潜伏期短，来势急剧，短时间内可能有多人发病。

（3）所有中毒者症状基本相似，最常见的是消化系统症状，如恶心、呕吐、腹泻、腹痛等，病程较短。

（4）中毒患者对健康人无传染性，不会有人与人间的直接传染。

（二）食物中毒的种类与预防

防止食物中毒的重点是针对各种可能发生食物中毒的环节，采取严格有效的措施，积极预防。

（1）细菌性食物中毒的预防。

细菌性食物中毒直接可行的防治方法有：

① 严格选择原料，并在低温下运输、储存。

② 烹调中高温杀灭细菌。

③ 创造卫生环境，防止病菌污染食品。

（2）化学性食物中毒的预防。

① 从可靠的供应单位采购原料。

② 化学物品要远离食品及原料处安全存放，并由专人保管。

③ 不使用有毒物质的加工、生产器具、容器、包装材料。如用铜、锌、锅、锡、铝

等器具，盛装酸性液体食品或腐蚀性食品，其盛器金属成分易溶入食品中。塑料包装材料应选用聚乙烯、聚丙烯材料的制成品。

④ 厨房要谨慎使用化学杀虫剂，并派专人负责。

⑤ 厨房清洁工作中，化学清洁剂的使用必须远离食品。

⑥ 各种水果、蔬菜要洗涤干净，以避免杀虫剂残留。

⑦ 食品添加剂的使用，应严格执行国家规定的品种、用量及使用范围。

（3）有毒食物中毒的预防。

① 由于很多种类含有毒素，所以厨房只可食用已证明无毒的种类，可疑类不得食用。

② 白果的食用要加热成熟，少食，切不可生食。

③ 马铃薯发芽和发青部位有龙葵素毒素，加工时应去除干净，并用清水浸泡。

④ 苦杏仁、黑斑甘薯、鲜黄花菜、未腌透的腌菜不能食用。

⑤ 秋扁豆、四季豆烹调不可贪生求脆，要彻底加热。木薯不宜生食。

⑥ 死甲鱼、死贝类不能食用。

⑦ 河豚有剧毒，未经有关部门批准，不能选用。

⑧ 含组氨酸高的鱼类不新鲜时不选用。

⑨ 未经检疫的肉类，不得加工食用。

如有客人身体不适，抱怨是食用餐品而引起时，管理人员和员工应沉着冷静，忙而不乱，尽快澄清是否是由于食物中毒，并缩小事态，及时处理。

（4）食物中毒事件的处理流程。

① 记下客人的姓名、地址和电话号码（家庭和工作单位）。

② 询问具体的征兆和症状。

③ 弄清楚吃过的食物和就餐方式、食用日期、时间、发病时间、病痛持续时间、用过的药物、过敏史、病前的医疗情况或免疫接种等，并留下其食物样品。

④ 给本餐厅医生（如果有的话）打电话进行应急处置。

⑤ 病情严重者应立刻送医院救治，并记下看病的医生姓名和医院的名称、地址、电话号码。

⑥ 立即通知由餐饮部门经理、厨师长等人员组成的事故处理小组，对整个生产过程报告卫生主管部门。

⑦ 递交所调查的信息给医生，以便了解情况。如果医生诊断是食物中毒，要立即重新检查。

⑧ 查明同样的食物供应了多少份，收集样品，送交化验室化验分析。

⑨ 查明这些可疑的餐食菜点是由哪些职工制作的，将所有与制作过程有关的员工进行检查，查找有无急性患病或近期生病以及携带病菌者。

⑩ 分析并记录整个制作过程的情况，明确在哪些地方食物如何受到污染，哪些地方存在细菌繁殖的机会（时间和温度等因素）。

⑪ 从厨房设备上取一些标本送化验室化验。

⑫ 分析并记录餐饮生产和销售最近一段时间的卫生检查结果。

四、食品留样

（一）产品留样管理的规范要求

《食品安全国家标准 食品生产通用卫生规范》（GB 14881—2013）及《关于食品生产加工企业落实质量安全主体责任监督检查规定的公告》（总局公告 2009 年第 119 号）明确食品企业需要留样。

（二）留样的意义

（1）满足法律法规或标准规范要求的留样记录管理。

（2）满足法律法规和标准规范的要求，规避企业运营风险，轻松面对监管机构或客户的检查与抽检。

（3）界定责任，提供符合性证据。

当出现可能因产品造成纠纷或责任界定不清时，企业可以提供留样产品请第三方机构进行检验调查，还原事实真相，如可能因为产品引起消费者出现身体不适或食物中毒等。

同时，食品生产企业和餐饮企业可以根据产品的检验结果，了解产品质量问题的真正原因，并及时调整。

（4）满足客户的要求。

与客户在产品验收或交付过程中产生异议时，可以通过留样产品进行沟通以确认符合客户要求，降低与客户之间的纠纷风险，避免给企业造成损失。

（5）观察保质期内产品质量变化。

通过留样观察产品保质期内的质量变化，对不良情况及时作出调整，优化和改进产品生产工艺，提高产品质量。

（三）留样管理常见问题

随着对食品生产和餐饮企业的检查越来越常态化，并以检查警示函的形式予以公示和责令企业整改、整顿，严重的甚至责令停产。

企业应按《关于食品生产加工企业落实质量安全主体责任监督检查规定的公告》（总局公告 2009 年第 119 号）要求保存出厂检验留存样品。产品保质期少于 2 年的，保存期限不得少于产品的保质期；产品保质期超过 2 年的，保存期限不得少于 2 年。

食品生产企业成品留样在没有文件明确规定的情况下，一般建议留样需要过产品保质期后一个月。

（四）留样量管理

对于食品生产企业，建议每天生产的每批次或每班次的产品都应留样，以便进行观察及复检。留样量应至少满足出厂检验的样品量，以满足复检需要，有条件时建议留样量满足检验所需样品量。

基于上文提及的成本和仓储空间的要求，通常情况下，企业可以按照风险或实际情况，弹性留样，在满足法规、监管和检验要求的同时，合理控制成本。

任务实施与评价

任务 食物留样工作流程

一、任务实施

食物留样工作流程的任务实施步骤见表 8-1。

表 8-1 食物留样工作流程

任务 食物留样工作流程	
任务步骤	
1. 样品采集：采集代表性的样品，通常需要遵循一定的比例和规则。例如，每一批次的产品中取一定数量的样品	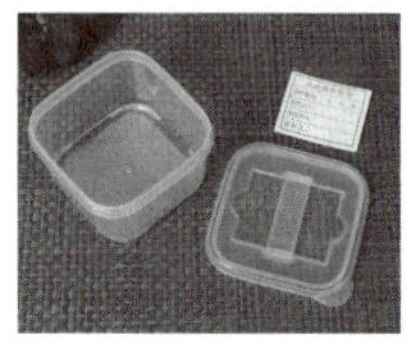
2. 标识与包装：对采集到的样品进行准确标识，包括产品名称、批号、采样日期等信息，然后进行适当的包装，防止污染或变质	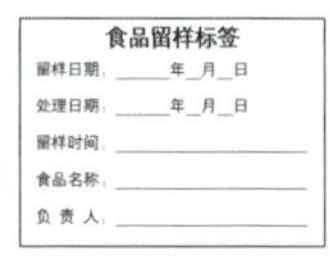
3. 储存：将样品存放在适宜的条件下，如温度、湿度等，以保证样品的质量。不同类型的食品可能需要不同的储存条件	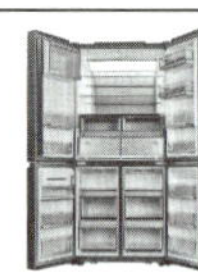
4. 检测与分析：在规定的时间内，对样品进行必要的检测和分析，以评估产品的质量和安全性	
5. 记录与报告：对检测结果进行详细记录，并及时报告给相关部门或人员	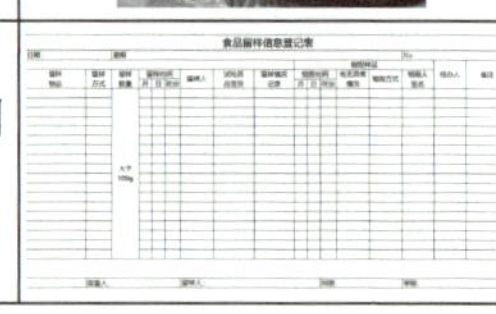
代表性：采集的样品应该具有代表性，能够反映整个批次的产品质量。 标识清晰：样品的标识应该清晰明确，以便后续的追踪和分析。 储存条件适宜：样品的储存条件应该符合产品特性和相关法规的要求。 检测时：样品的检测应该在规定的时间内进行，以保证检测结果的准确性。 记录完整：对检测结果的记录应该完整、准确，以备后续查询和分析。 留样是保障食品安全和质量的关键环节之一，必须严格按照相关的规定和标准执行	

二、学生工作页

（1）通过学习分析网络资料，结合食物留样工作流程完成一次食品留样流程图设计。

（2）学生任务单见表 8-2。

表 8-2　食品留样流程图设计（学生任务单）

<table>
<tr><td colspan="4">任务　食品留样流程图设计</td></tr>
<tr><td>班级</td><td></td><td>姓名</td><td></td></tr>
<tr><td colspan="4">请画出你认为最合适的食品留样流程图并总结留样操作的重点：</td></tr>
</table>

09 模块九

成本控制

>>>>>>>>>>>

知识要求

1. 掌握餐饮成本控制的基本内容。
2. 掌握采购、验收、储存、生产等环节的成本控制方法。
3. 掌握成本核算的方法。

技能要求

1. 能较好实现采购、验收、储存、生产等企业经营各环节成本控制。
2. 能进行餐饮成本核算。

素质要求

1. 具备良好的职业道德素养和社会责任感。
2. 具备精益求精、吃苦耐劳的工匠精神。
3. 具备餐饮服务人员的综合素质和职业素养。
4. 具备严纪守法、实事求是、客观公正的职业素养。

知识准备

餐饮成本控制贯穿于它形成的全过程，凡是在餐饮经营成本形成的任何过程中影响成本的因素，都是餐饮成本控制的内容。餐饮成本形成的全过程包括食品原料采购、食材储存和发放，以及菜肴加工、烹调和销售等。由于餐饮成本的控制点较多，每一个控制点必须有具体的控制措施，否则，这些控制点便成了泄漏点。

一、掌握餐饮成本控制的基本内容

（一）餐饮成本控制的含义及意义

餐饮成本控制是指在餐饮经营中，管理人员按照企业规定的成本标准，对餐饮各成本因素进行监督和调节，及时揭示偏差，采取措施加以纠正，将实际成本控制在计划范围之内，保证实现企业的成本目标。

成本控制在餐饮经营管理中有着举足轻重的作用。首先，科学的餐饮成本控制可以提高企业的经营水平，减少物质和劳动的消耗，使企业获得较大的经济效益；其次，餐饮成本控制关系到餐饮产品的规格、质量和价格；最后，餐饮成本控制关系到顾客的利益及需求，并与企业营销效果紧密联系。

（二）餐饮成本控制的要素

餐饮成本控制是一个系统工程。其构成要素包括控制目标、控制主体、控制客体、成本信息、控制系统和控制方法这六个方面。

1. 控制目标

控制目标是餐饮企业以最理想的成本达到预先规定的餐饮质量。成本控制必须以控制目标为依据。控制目标是管理者在成本控制前期所进行的成本预测、成本决策和成本计划，并通过科学的方法制定出的。餐饮成本控制目标必须是可衡量的并能用一定的文字或数字表述清楚的。

2. 控制主体

控制主体是指餐饮成本控制责任人的集合。由于在经营过程中，成本发生在每一个经营环节，而影响餐饮成本的各要素和各动因分散在其生产和服务的各环节中。因此，在餐饮成本控制中，控制的主体不仅包括财务人员、食品采购人员和餐饮部的管理人员，还包括生产人员（厨师）、收银人员和服务人员等基层工作人员。

3. 控制客体

控制客体是指餐饮经营过程中所发生的各项成本和费用的总和。根据餐饮成本统计，餐饮控制的客体包括食品成本、人工成本及经营费用等。

4. 成本信息

一个有效的成本控制系统可及时收集、整理、传递、总结和反馈有关餐饮成本的各项信息。因此，做好餐饮成本控制工作的首要任务是做好成本信息的收集、传递、总结和反馈，并保证信息的准确性。不准确的信息不仅不能实施有效的成本控制，而且还可能得出相反或错误的结论，从而影响其成本控制的效果。

5. 控制系统

餐饮成本控制系统如图 9-1 所示，常由 3 个阶段和 7 个环节构成。3 个阶段包括运营前控制、运营中控制和运营后控制；7 个环节包括成本决策、成本计划、成本实施、成本核算、成本考核、成本分析和纠正偏差。在餐饮成本控制体系中，运营前控制、运营中控制和运营后控制是一个连续而统一的系统。如果没有运营前控制，成本整体控制系统会缺乏科学性和可靠性；如果没有运营后的控制，就不能及时地发现偏差，从而不能确定成本控制的责任及做好成本控制的业绩评价，也不能从前一期的成本控制中获得有价值的经验，为下一期成本控制提供依据和参考。

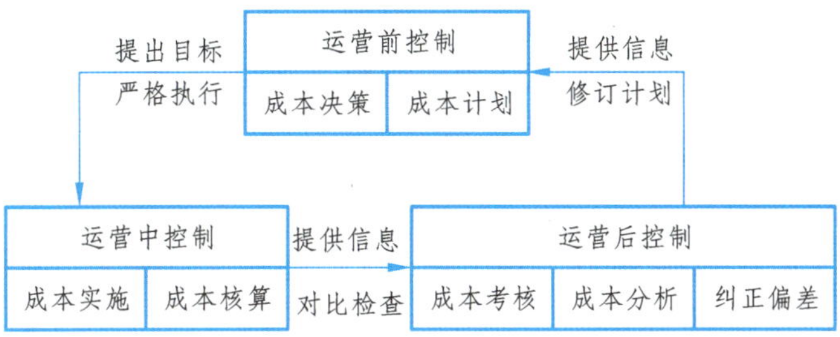

图 9-1 餐饮成本控制系统

6. 控制方法

控制方法是指根据所要达到的餐饮成本目标采用的手段和方法。根据餐饮成本管理策略，不同的成本控制环节有不同的控制方法和手段。在原料采购阶段，应通过比较供应商的信誉度、原料质量和价格等因素确定供应商以及原料采购的种类和数量，并以最理想的采购成本为基础。在原料储存阶段，建立最佳库存量和储存管理制度；在生产阶段，制定标准食谱，根据食谱控制餐饮生产成本；在服务阶段，企业应及时获取顾客满意度的信息，用理想的和较低的服务成本达到顾客期望的服务质量水平。

（三）餐饮成本控制的原则

餐饮企业在构建成本控制体系和方法时，为了发挥好成本控制的作用，实现成本控制目标，应遵守及时性原则、节约性原则、责权利相结合原则、互相协调原则。

1. 及时性原则

及时性原则是指成本控制系统能及时反映成本控制过程中实际发生与控制标准之间的偏差，使之能及时消除偏差，恢复正常。当成本控制系统中出现偏差而没有及时发现并采取措施予以纠正时，间隔越长，企业遭受的经济损失就越大。因此，在成本控制过程中，应及时纠正偏差，以减少失控期间的损失。

2. 节约性原则

实施成本控制一般会产生一些费用，如人员工资费、办公费等，这些费用一般称为控制成本。实施成本控制的目的就是通过实行有效的控制活动，在花费一定支出的同时为企业带来更大收益，如果控制成本超出控制收益，则该项控制活动是不可行的。实施成本控制一定要符合节约型原则。

3. 责权利相结合原则

为调动企业内部各单位的积极性，许多企业都在推行责任会计制度。在实施成本控制时，就要同企业所实行的责任会计制度相结合。对于成本控制的结果要进行具体的分析，落实奖惩措施，才能促进成本控制和责任会计制度的加强，调动各单位的积极性。

4. 互相协调原则

成本控制是一项系统工程。既然是一项系统工程，就会涉及企业的各个部门和每个职工。在实施成本控制工作中，成本管理部门要加强与其他部门的沟通协作，确保成本控制工作能实现目标。

（四）餐饮成本控制不同环节常见控制方法

1. 采购、验收及储存环节成本控制

（1）控制采购价格。

餐饮企业控制食材采购价格的方法主要有以下几种。

① 限价采购。

限价采购是指规定或限定所需购买的食材的进货价格，一般适用于鲜活食材。当然，所限定的价格不能凭主观想象，要委派专人进行市场调查并进行综合分析，然后提出一个中间价。

② 竞争报价。

竞争报价是指由采购部向多家供应商索取供货价格表，或者将所需常用食材写明规格与质量要求，请供应商在报价单上填写近期或长期供货的价格，采购部根据所提供的报价单进行分析，进而确定最终的供应商。在确定供应商时，不仅要考虑价格，还要考虑供应商的供货信誉，如食材的质量、送货的距离以及供应商的设施、财务状况等。

③ 规定供货单位和供货渠道。

为了有效控制采购价格，保证食材的质量，可指定采购人员在指定的供应商处采购，以稳定供货渠道。定向采购一般在价格合理和保证质量的前提下进行。在进行定向采购时，供需双方要先签订合约，以保障供货价格的稳定。

④ 控制大宗和贵重食材的购货权。

大宗食材和贵重食材的价格是影响餐饮成本的主体。因此，可以由餐饮企业提供使用情况报告，采购部提供各供应商的价格报告，具体向谁购买则由管理层来决定。

⑤ 提高购货量和改变购货规格。

大批量采购可以降低食材的价格，也是控制采购价格的一种策略。另外，当包装规格有大有小时，购买适用的大规格，也可降低单位价格。

⑥ 根据市场行情适时采购。

当有些食材在市场上供过于求、价格低廉且厨房日常用量较大时，只要质量符合要

求，可趁机购买储存。当应季食材刚上市时或预计市场价格可能会很快下跌时，采购量应尽可能少一些，只要满足需要即可，等价格稳定时再添购。

（2）防止采购过程“吃回扣”。

为防止在采购过程中出现“吃回扣”的现象，餐饮企业可以采用以下方法。

① 采购人员的选择。

在选择采购人员时，其素质和品德应成为首要的考察条件。采购人员应为人耿直，不受小恩小惠的诱惑。

② 供应商的选择。

在选择供应商时要对采购工作进行控制，比如肉类、海鲜、调味品的长期供应商，最好是提请有关部门审核。采购人员并不是最后的决策者和签订合同的人员。不要长期选择某个供应商，以使物料更好地流动，并且这在一定程度上可以避免采购人员与供应商建立密切的关系。

③ 经常进行市场调查。

定期或不定期对市场进行调查，掌握市场行情，了解原材料的价格、质量和数量的关系，与采购来的货品进行对比，以便及时发现和解决问题。市场调查人员可以是专职的，也可以由财务人员、行政人员，甚至是餐饮经理兼任，还可以采用轮流值班进行调查。

④ 库房、采购、厨房三方验收。

库房、采购、厨房三方验收，有利于餐饮门店及企业的管理，尤其在防止以次充好、偷工减料方面效果显著。

⑤ 有力的财务监督。

在收到供应商和采购人员报价后，财务部门工作人员应进行询价、核价等工作，实行定价监控。餐饮企业可实行双出纳制度，一个负责现金的支出，一个负责现金的收入，以便更好地控制资金的出入。

（3）配备称职的验收人员。

① 验收人员的餐饮知识应丰富。

② 人力资源部负责遴选应聘人员，审查应聘人员的资历，然后会同财务部门和营业部门主管决定人员的录用。

③ 挑选验收人员的最好方法是从库房员工、食材和饮料成本控制人员、财务人员和厨师中进行挑选，使其在验收工作过程中积累管理工作的经验。

④ 收货时，验收人员应对订货单进行数量盘点和对货品质量进行检查。

⑤ 制订培训计划，对所有验收人员进行培训。

（4）做好防盗工作。

在验收货品的过程中要做好防盗工作，以防止食材丢失。

① 验收工作和采购工作分别由专人负责。

② 如果验收人员兼管其他工作，应尽可能将交货时间安排在验收人员有充足时间的时候。

③ 货品应运送到指定验收区域。

④ 验收之后，应尽快将货品送入仓库，防止食材变质和被偷盗。

⑤ 不允许推销人员、送货人员等进入仓库或菜品生产区域。验收、检查区域应靠近入口处。

⑥ 入口处大门应加锁。大门外应安装门铃，送货人员到达之后，应先按门铃。送货人员在验收时，验收人员应始终在现场。

（5）分流货品，妥善处理。

食材验收完毕，需要入库进行储存的食材，要使用双联标签，注明到货日期、名称、质量、单价等并及时送往库房。一部分鲜活食材可直接进入厨房，由厨师开具领料单。

（6）填写入库验收单和其他报表。

验收人员填写入库验收单（见表 9-1）的目的是保证不会发生重复付款的现象，可作为控制进货和计算每日经营成本的依据。

表 9-1 入库验收单

库名：							
日期	物品名	规格	编号	数量	单价	合计	备注
经办人：					验收人：		

（7）加强储存环节。

① 设专人负责储存工作。

储存工作是食材成本控制的重要一环，储存不当会引起食材变质或被偷盗等，从而造成餐饮门店及企业成本增加。

食材的储存和保管工作应由专职的仓管人员负责，应尽量控制有权进入仓库的人数，仓库钥匙由仓库保管员专人保管，应定期更换门锁。

② 保持仓库环境适宜。

不同的食材对储存环境的要求不同，如干货仓库、冷藏室、冷库等。普通食材和贵重食材也应分别储存，各类食材的仓库设计应符合安全和卫生的要求，以杜绝虫害和鼠害，从而保证库存食材的质量。

③ 及时入库与定点存放。

购入的食材经验收后应及时运送至适宜的储存处。在储存时，各类食材应有固定的存放位置。

④ 及时调整食材的位置。

入库的每批次食材都应注明进货日期，并按先进先出的原则发放食材。应及时调整食材的位置，以减少食材因腐烂或变质导致的损耗。

⑤ 定时检查。

仓管人员应定时检查并记录干货仓库、冷藏室、冷冻室等的温度和湿度，以保证各类食材储存在适宜的环境中，并填写仓库检查表（表 9-2）。

表 9-2 仓库检查表

编号		日期	
检查时间	检查情况		检查人
	正常	不正常	
制表人：			审核人：

（8）定期盘存。

做好仓库的定期盘存工作，一般每半个月进行一次。通过盘存，明确应重点控制哪些食材，采用何种控制方法，如暂停进货、调拨使用、尽快出库使用等，从而减少库存，加快资金周转，节省成本开支。

餐饮经理应以最低的资金量保证餐饮门店及企业的正常运转，严格控制采购货物的库存量。每天对库存物品进行检查（特别是冰箱和冷库内的库存食材），对于数量不足的食材及时补货，对于滞销的食材减少或停止供应，以避免原材料变质造成损失。根据当前餐饮企业的经营情况合理设置库存量的上限和下限，每天由厨房及仓管人员进行盘点控制，遵守原材料先进先出的原则，保证食材的质量。对于一些滞销的食材，应及时加大促销力度，避免食材过期造成的损失。

2. 食品生产环节成本控制

（1）加工过程成本控制。

加工过程包括食材的粗加工和细加工。粗加工是指食材的初步整理和洗涤，而细加工是指把食材切制成形，在这个过程中应对加工净出率和数量加以控制。

① 粗加工控制。

粗加工过程中的成本控制工作主要是科学准确地估计各种食材的净料。要想提高食材的净料率，就必须做到以下几点：

a. 对食材进行粗加工时，应严格按照规定的操作程序和要求，达到并保持应有的净料率。

b. 对成本较高的食材，应先由有经验的厨师进行试验，找出最佳的加工方法。

c. 对粗加工过程中被剔除的部分（肉、骨头等）应尽量回收利用，提高其利用率，做到物尽其用，以降低成本。

② 细加工控制。

切配时应根据食材的实际情况整料整用、大料大用、小料小用、下脚料综合利用，以降低餐饮企业的成本。加工数量应以销售预测为依据，满足需要为前提，留有适量的储存周转量，避免因加工过量造成浪费，并根据剩余量不断调整每次的加工量。

③ 配份过程成本控制。

食材耗用定量一旦确定，就必须制定菜品食材耗用配量定额计算表并认真执行，严禁出现用量不足、过量或以次充好等现象。配份过程的成本控制是餐饮成本控制的核心，也是保证菜品质量的重要环节。

a. 在配份过程中应执行规定的标准，使用称量、计数和计量等工具。

b. 凭单配发。配菜厨师只有接到楼面顾客的订单，或者餐饮门店及企业规定的有关正式通知单才可配制，保证配制的每道菜品都有凭有据。

c. 杜绝配制中的失误，如重复、遗漏、错配等。

（2）烹调过程成本控制。

菜品的烹饪，一方面会影响菜品质量，另一方面也与成本控制密切相关。

① 调味品的用量。在烹饪过程中，要严格遵照调味品的用量规格，这不仅能使菜品质量较稳定，也可以使成本更精确。

② 菜品质量及其废品率。严格按照操作规程进行操作，掌握好烹饪时间及温度。每位厨师都应努力提高自己的烹饪技术和创新能力，合理投料，力求不出或少出废品，以有效控制烹饪过程中的餐饮成本。

从烹调厨师的操作规范、制作数量、出菜速度、剩余菜品等方面加强监控，具体内容见表 9-3。

表 9-3　烹调过程成本控制

类别	具体内容
操作规范	必须督导热菜厨师严格按操作规范工作，任何违规做法和影响菜品质量的做法都应立即加以制止
制作数量	应严格控制每次烹调的数量，这是保证菜品质量的根本，少量多次的烹制应成为烹调制作的原则
出菜速度	要检查出菜的速度、菜品的温度、装量规格
剩余菜品	在经营餐饮店的过程中，剩余菜品被看作是一种浪费，应尽量予以避免

（3）生产后成本控制。

生产后的成本控制主要体现在实际成本发生后，财务部门应将各项成本率和计划成本率提供给餐饮经理进行比较分析、找出问题、分析原因、及时调整，为下一次制定生产计划提供依据。

① 将昨日理论成本与鲜货管理员上报的昨日直拨厨房总额和干货管理员上报的昨日厨房领料总额进行对比，找出产生差异的原因。出现差异的原因主要包括：昨日领料过多，厨房有大量剩余的食材或半成品；前天剩余的食材过多，导致昨日领料较少；标准配方表不准确；菜品的分量可能偏离了标准，生产环节可能出现了浪费，采购环节或验收环节可能出现了问题；有些食材的价格波动较大，导致菜品的成本发生变化；销售排行前几名的单项菜品的毛利率偏高等。

② 不考虑厨房库存因素，每半月对菜品的成本进行一次分类汇总并进行成本分析，

通报半个月以来的餐饮成本控制情况。

③ 每月月底对厨房进行盘点并考虑存货、退料情况，进行月底成本综合分析。

（4）其他方面成本控制。

① 餐饮人工成本控制。

餐饮人工成本控制是指在保证服务质量的前提下，对劳动力进行计划、协调和控制，使之得到最大限度的利用，从而避免人员的过剩或不足，以有效控制人工成本支出，提高餐饮企业的利润。

a. 定岗、定员。

定岗、定员是否恰当，不仅直接影响人工成本和员工士气的高低，而且对餐饮生产率、服务质量以及餐饮经营管理的好坏有着不可忽视的影响。因此，餐饮经理要综合考虑以下因素做好定岗、定员工作。具体包括：餐饮门店及企业档次和布局；食材的成品、半成品化；菜单的品种；员工的技术水平和熟练程度；客流量和生产规模。

b. 制定人工安排指南。

餐饮人工成本控制的前提是保证服务质量，餐饮经理必须制定能体现服务质量要求的操作标准并依此制定出各项人工安排指南，具体内容见表 9-4。

表 9-4　人工安排指南

内容	详细说明
最低劳动力	对于不随业务量大小而改变的餐饮店经营所必需的最低劳动力，如餐饮店主管、会计、厨师长、收银员、维修工等固定劳动力的工资占餐饮店人工成本支出的一小部分，餐饮店应有固定的劳动力标准，并尽可能地将这些人员安排在关键岗位上
变动劳动力	对于随业务量的变化而浮动，即当餐饮店接待更多的顾客生产更多的菜品时，将需要更多的服务人员和生产人员，应根据淡、旺季来安排人员，以减少费用开支。餐饮店中至少有 50%的工种可以根据需要来灵活调配
确定劳动生产率	餐饮业衡量劳动生产率的指标主要有两个：一是劳动生产率，二是劳动分配率。劳动生产率是企业中衡量员工所创造的平均毛利润。提高劳动生产率的首要因素是培养员工树立经营观念，积极开拓市场，节约开支，提高企业的毛利润；其次是要合理安排员工的班次和工作量，尽可能减少员工的数量，减少员工的空闲时间，减少人工成本。这两种方法都可以清楚地算出员工的平均生产率，可作为排班的根据

c. 提高员工工作效率。

提高工作效率是降低成本的关键，具体措施如下：

（a）尽量使用自动化水平高的厨房用具。在保证质量的前提下，缩短切、配和烹调的时间，减少工作人员的数量，如以自动洗碗机代替人工洗碗。

（b）利用电脑点菜、收银，以缩短点菜和收银的时间。

（c）注重员工培训，提高员工的服务水平，减少成本浪费和操作失误。

（d）重新安排餐饮门店及企业内外场的设施和动线流程，以减少时间的浪费。

（e）改善分配结构，使其更符合实际需要。

（f）加强团队合作，提高工作效率。

② 用水成本控制。

餐饮门店及企业用水属于经营服务用水，虽然水费在总成本中所占的比例并不高，但是如果所有员工都能意识到节约用水的重要性，也可以节省一定的用水成本。需要牢记的一点是，节约用水不能以降低卫生标准为代价。每天盘点用水量，参照营业额比例判断用水量是否合理，如有不合理之处应及时查明原因并做出改进计划，可以采取以下方式来减少用水量，具体内容见表 9-5。

表 9-5 有效控制水费

内容	详细说明
节约用水与奖金挂钩	每个水龙头都安排节约用水责任人，一旦发现用完不关的现象，扣除责任人的部分奖金。此外，水龙头不能出现“长流水”现象。
改变洗菜方式	改进食材清洗方法，如使用节水高效洗菜机，再将洗菜水用作他用
桌布、钢碗少冲洗	在不影响正常清洁和烹调的前提下，尽量减少用水量，炒菜厨师洗锅时要节约用水，桌布、锅碗少冲洗
更新设备	将旋钮式水龙头改为下压式或感应式水龙头，节省洗手时造成的水资源浪费，将拖把换成容易清洗的海绵拖把

③ 冷冻系统控制。

冷冻库和冷藏库在保持半成品的品质方面起着极为重要的作用，为保持适当的温度范围，必须定期对冷冻库和冷藏库进行检查。

a. 调整控制。

设定冷冻库、冷藏库控制除霜周期的计时器，以节约能源。除霜时间最好选定在进货后 2 小时，或是工作人员不会进出冷库或开启冰箱的时间为宜。除霜时间应避开电力需求的高峰时段。冷藏库除霜时间为 15～30 分钟，冷冻库除霜时间为 60 分钟。

b. 开启（关闭）控制。

大型冷冻食品进库时，不要关闭压缩机。卸货后再利用冷库降温比让机组继续运作的花费高。在取货或盘点时，不要让冷库的门一直开着，不可为了进出方便将空气帘推到旁边或取下。相关人员在进出冷库前应先做好工作计划，以减少往返次数。

c. 维护控制。

对冷藏、冷冻系统定期实施保养是降低能源成本最有效的方法，也有助于延长设备的使用寿命。相关人员应遵循保养计划并牢记以下事项：

（a）每周检查冷冻库、冷藏库以及冰箱的门垫是否完好，清除尘垢或食物残渣并注意是否有裂缝及损坏现象。

（b）定期检查冷藏库、冷冻库及冰箱设备的密封性。

（c）所有冷藏、冷冻机组的冷凝器及散热器线圈也应保持清洁。

（d）检查除霜计时器上的时间设定是否正确。

（e）每周检测一次冷藏库、冷冻库和冰箱的温度。如温度不符合要求则应进行调整。

④ 生产区设备电费控制。

餐饮门店及企业的生产设备为主要能源消耗者，如果餐饮门店及企业想节省能源，应该先从此处着手。对使用独立电表及煤气的餐饮门店及企业而言，应从实际度数中分析生产区设备的能源用量。

a. 调整控制。

保持所有生产设备的适度调整对能源管理非常重要，生产区调整程序也有助于降低能源成本。不使用的设备应予以关闭。

b. 开启（关闭）控制。

餐饮门店及企业的整体设备是按照营运高峰的负载量设计的，既然营运不是一直处于高峰期，那么餐饮门店及企业可在一天中的某些时段关闭部分设备。在营运平缓时，应在适当时段内找出关闭生产区设备的时机，根据设备关机时间表制定设备开机时间表，并使每位服务人员都熟知时间表及正确使用设备的程序，并且应以最有效率的方式来完成任务。

c. 维护控制。

只有正确地维护生产设备，才能经济、高效地运用它。餐饮门店及企业相关工作人员一定要查阅设备保养手册，了解下列重要作业的正确程序。

（a）如何保持烟道、烟道壁及抽油烟机的清洁。

（b）根据保养计划检查相关设备的温度校准功能。

（c）检查煤气的密封圈、阀门是否完好无损、清洁无垢。

⑤ 照明系统电费控制。

餐饮门店及企业照明设备既可以使餐饮门店及企业保持明亮，又可以吸引顾客进店就餐，但在照明系统电费控制上应注意以下事项：

a. 颜色识别。

餐饮门店及企业可以将各种电灯开关按需要分为四类，每类用一种颜色加以识别。红色：任何时段都要保持开启；黄色：开店时开启；蓝色：阴雨天及黄昏时开启；绿色：视需要开启。

b. 照明。

照明设施可选择荧光灯、卤钨灯、LED 灯等节能灯具，有条件的还可采取声控或光控灯具，尽量选择使用节能型的照明设备。将餐饮门店及企业各区域的照明、广告灯箱等的开关进行定人、定岗、定时管理，并根据实际情况制定严格的开闭时间，餐饮门店及企业应根据重点部分规划出监测点位，进行重点控制。

⑥ 燃气费用控制。

大多数餐饮门店及企业都以燃气为燃料来烹调菜品。因此，餐饮门店及企业应根据菜品制作所需的标准时间，合理使用燃气炉。

为了节约成本，餐饮经理要对厨师的用气时间进行控制，要求厨师尽可能地充分利用热量，减少热量损失，缩短用火时间。厨师可采用以下几种方法来节约用气：

a. 合理调整燃具开关的大小。在烧水时火焰应尽可能开大，以火焰不超出锅或壶的底部为宜。在水烧开以后，应将火调小。

b. 防止炉火空烧。炒菜前要先做好准备工作，以防点燃火后手忙脚乱。待水烧开后应先关火，然后再提开水壶，以免忘记关火。不要先点燃火再去接水和放锅。

c. 调整好火焰。发现火焰是黄色时可调整风门，清理炉盘火头上的杂物、检查软管或开关是否正常，检查锅底的位置是否合适。此外，还应设法避免穿堂风直吹火焰。

d. 尽可能使用底面较大的锅或壶。因为炉灶的火可开得大一些，锅的受热面积也会更大，同时灶具的工作效率也更高。

e. 烧热水时尽量用热水。热水器的热效率大大高于灶具，同时还能节省时间。

⑦ 租金成本控制。

餐饮门店及企业的租金是一项重要支出，在签订房屋租赁合同时，餐饮经理要明确租金等相关事项。

a. 延长营业时间。

由于租金是固定的，因此，可以通过延长营业时间来增加租金的利用。当然，并不是所有的餐饮门店及企业都适合 24 小时营业，这是由餐饮门店及企业的类型、周围环境等因素来决定的。

b. 提高翻台率。

提高翻台率，可以增加有效用餐的顾客数，从而增加营业收入。提高翻台率的方法具体见表 9-6。

表 9-6　提高翻台率的方法

方法名称	具体操作	备注
缩短顾客用餐的时间	从顾客进入餐饮店到离开的每一个环节只要缩短一点时间，就能缩短顾客用餐的时间，翻台时间自然也会缩短	要求每位员工都要提高工作效率，缩短顾客等待的时间
候餐增值服务	热情款待顾客，增加免费服务，如提供免费茶水、免费擦鞋、免费提供充电、免费美甲等服务	迎宾和礼宾工作人员的工作重点是留住顾客，让顾客等位，避免顾客的流失
运动时间差	（1）运用对讲机，在确定有台位买单的情况下，等位区迎宾或礼宾工作人员就可以开始为顾客点菜。 （2）该桌值台服务人员在桌上放置“温馨提示牌”。一方面提醒顾客小心地滑并带好随身物品；另一方面提醒其他员工，准备好翻台工具	大厅与外围等位区的配合是关键
提前为下一环节做准备	（1）在顾客点完餐后，及时询问顾客是否需要添入主食或小吃，如果不需要的话服务人员就开始核单并到收银台打单。 （2）当顾客不再用餐时，服务人员应提前将翻台餐具准备好。 （3）顾客结账后若未立即离开，可征询其意见，清理台面	在工作中，每一位服务人员都应为下一环节提前做好准备
效率与美感	可以选择专门人员负责清台，这样既能加快工作速度，也能保证清洁效果	特别注意翻台卫生，既要提高效率，又要注意动作得当

c. 开设外卖口。

如果餐饮门店及企业的店面比较大，可以选择开设外卖，既可以卖本餐饮门店及企业的产品，也可以租给其他人。但是，在开设外卖时一定注意不要影响餐饮门店及企业的整体形象，或者造成喧宾夺主的情况。

d. 租金交付时间。

餐饮门店及企业租房的租金不要按年交付，最好是按半年或季度交，因为如果按年付房租的话，一旦由于经营不善或因其他原因导致餐饮门店及企业无法经营下去已交付的房租就可能要不回来了。

⑧ 广告费用控制。

餐饮门店及企业为了扩大影响力或提高营业额，一般会采取广告促销的方式吸引顾客，因此要控制和管理其中的费用。餐饮门店及企业一般会在开业、节假日进行各种广告促销活动，采用向行人发放宣传单是一种成本较低的促销方式。

⑨ 折旧费用控制。

餐饮门店及企业折旧费用也是一笔经常性的支出，因此要进行合理控制。一般来说，餐饮门店及企业折旧主要针对的是各种固定资产。作为固定资产的营业设施，其价值会逐年降低，需要进行折旧处理。资产折旧额直接影响着餐饮门店及企业的成本、利润、现金流，是一项很关键的财务数据。折旧的计算方法有多种，会计在报告中应说明此报告采用了哪些折旧计算方法，并且餐饮门店及企业所使用的折旧方法必须相对稳定，不可随意更换。

⑩ 房屋修缮费控制。

餐饮门店及企业的房屋需要修缮时，会产生相应的修缮费用。因此餐饮经理需要在平时注意房屋的保养，减少修缮次数，从而减少修缮费用。同时，在签订租赁合同时，餐饮经理要明确房屋修缮费用如何支付。合同中注明所租房屋及其附属设施的自然损坏或其他属于出租方修缮的范围，出租人应负责修缮。承租人发现房屋损坏时应及时报修，出租人在规定时间内修缮。因承租人过错造成房屋及其附属设施损坏的，由承租人修缮或赔偿。

⑪ 停车费控制。

a. 餐饮门店及企业自有停车场。

如果餐饮门店及企业有自己的停车场，那么停车费管理比较简单，只需要安排安保人员进行管理即可。

b. 租用停车场。

许多餐饮门店及企业都是租用停车场为顾客提供停车服务，因此需要支付租用停车场的费用。就餐免费泊车一直是很多餐饮门店及企业促销或吸引顾客的方法。餐饮门店及企业在租用停车场时，一定要与对方签订停车场租用合同。

⑫ 餐具损耗控制。

为规范餐具的日常使用，餐饮门店及企业应进行表格化的量化控制与管理，减少餐具的破损与无故流失，控制破损数量。

a. 餐具运送及清洗。

（a）在收餐和运送时，需按配置的专业盛器进行盛放和运送，玻璃器皿与瓷器等需按类别及大小分开放置，严禁出现混放现象。

（b）在摆放托盘时，大的、重的餐具放在里面，小的、轻的餐具放在外面，严禁不合理的堆积，以免发生意外滑落。

（c）同类餐具尺寸大的放在下面，尺寸小的放在上面。

（d）清洗时，各类餐具要放在相应的盛器中，小件餐具 （如汤勺、筷子、筷架、刀叉等）放在平筐里进行清洗。

（e）清洗餐具时应轻拿轻放。

b. 明确餐具破损责任制。

（a）洗碗员工。洗碗员工在洗刷餐具之前，应先检查从楼面撤回的餐具是否有破损，如有破损，要及时查找相关楼面当事人并做好书面记录。

（b）楼面员工。楼面员工在取餐具时，需对餐具进行检查，如果发现有破损餐具，要及时查找相关洗碗间当事人并做好书面记录。

（c）厨房各档口人员。厨房各档口人员到洗碗间取餐具时，需检查餐具是否破损，如有破损应及时查找洗碗间当事人并做好书面记录。

（d）服务人员。服务人员在服务时必须检查所取餐具是否有破损，如有破损则送回厨房，由厨师长落实相关档口责任人并由责任人和厨师长、楼面主管签字确认。

（e）相互监督。各环节的工作人员需按规定相互监督，如因监管不力而使破损餐具流入本岗位，在不能确认上一环节责任人的前提下，视为自身责任。在各环节如发现具体责任人，需按以上程序填写相应单据，避免责任转移。

（f）送餐、出借餐具等情况。如有送餐、出借餐具等情况，需准确填写相关表格，双方核定并签字确认。回收餐具时，回收人需认真核对登记表，如有餐具短缺等情况，需在第一时间向当值管理人员汇报并签字确认。

c. 制定餐具赔偿标准。

餐饮经理应当制定餐具赔偿及处罚标准，以便明确相关责任。

（a）各区域员工打破的餐具，由该员工赔偿，领班或其他班组人员发现后要立即填写餐具破损记录表，由当事人签字确认，以便月末统一扣罚。

（b）对于顾客打破的餐具，应开具相应的单据，由顾客进行赔偿，然后由楼面主管做好统计工作。

（c）对于某一环节的餐具发现破损后又无法确定责任人时，由一方的全体员工或双方全体员工按同等比例共同承担赔偿责任。

d. 餐具清洁外包。

现在，许多餐饮门店及企业都使用餐具消毒企业提供的餐具，这样可以节约一些成本。餐饮经理在将餐具清洁外包时，一定要选择与正规的餐具消毒企业进行合作。

二、餐饮成本核算

（一）餐饮成本的分类

1. 按可控程度划分

餐饮成本按可控程度可以分为可控成本和不可控成本。

（1）可控成本是指在餐饮管理过程中，通过人为的主观努力可以控制的各种消耗，如原材料、水电燃料、餐饮用品等。

（2）不可控成本是指通过人为的主观努力很难控制的成本开支，如还本付息费用，折旧费用，员工工资等。

2. 按性质划分

餐饮成本按性质划分可分为固定成本和变动成本。固定成本和变动成本是根据成本对销量的依赖关系进行划分的。

（1）固定成本是指在一定时期和一定经营条件下，不随销量的变化而变化的那部分成本。在餐饮成本的构成中，广义的成本中的员工工资、折旧费用、还本付息费用、管理费用等在一定时期和一定经营条件下是相对稳定的，所以属于固定成本。

（2）变动成本则是指在一定时期和一定经营条件下，随销量的变化而变化的那部分成本。在餐饮成本的构成中，原材料成本、水电费用、燃料消耗、洗涤费用等随着销量的变化而变化，所以属于变动成本。

（二）餐饮成本核算的方法

在核算餐饮成本时应根据产品的生产方式及品种，采用不同的核算方法，从而提高成本核算的准确性和科学性。

1. 顺序结转法

顺序结转法是指根据生产加工中用料的先后顺序逐步核算成本的方法，适用于分步加工、最后烹制的餐饮产品。

在餐饮管理过程中，大多数热菜产品都采用分步加工，其成本核算方法是将产品的每一个生产步骤作为成本核算对象，依次将上一步成本转入到下一步成本核算中，按顺序类推而计算出餐饮产品的总成本。

2. 平行结转法

平行结转法主要适用于批量生产的餐饮产品的成本核算，它和顺序结转法有一定的区别。批量产品的食材成本是平行发生的，这类食材的加工一般一步到位，形成净料或直接使用的原材料。这时，只要将各种食材的成本相加，即可得到产品成本。例如，冷荤中的酱牛肉、酱猪肝，面点中的馅料（如饺子、包子等）。

3. 订单核算法

订单核算法是指按照顾客的订单来核算餐饮产品成本的方法，主要适用于会议、团队、宴会等大型餐饮活动。进行此类餐饮活动的顾客都会事先预订且用餐标准十分明确。

在进行成本核算时，首先必须根据订餐标准和用餐人数确定餐费价格然后根据预订标准高低确定毛利率，计算出一餐或一天的可容成本，最后在可容成本的开支范围内组织生产，而这一过程都是以订单为基础和前提的。

4. 分类核算法

分类核算法主要适用于餐饮核算员和餐饮成本会计的成本核算。如成本核算员每天核算成本消耗先要将各种单据按餐厅和厨房分类，然后在每一个厨房或餐厅内将成本单据按食品和饮料分类，再按食品原料种类分类记账，最后才能核算出每个餐厅或厨房的各类成本。

此外，在月、季成本核算中还可以分别核算出蔬菜、肉类、鱼类成本或冷菜、热菜、面点、汤类等不同种类的成本。

（三）餐饮成本核算的步骤

餐饮产品成本核算分为收集成本资料、成本核算、成本分析和提出改进建议等四个环节。

（1）收集成本资料是成本核算的前提和基础，要以原始记录和实测数据为准，不能用估计毛值计算，以保证成本核算的准确性。

（2）餐饮成本核算分为采购成本核算、库房成本核算、厨房加工核算、餐厅成本核算和会计成本核算等多种。成本核算往往要分类进行，各个环节数据互相联系。

（3）在成本核算的基础上，应定期对成本核算的结果及其核算资料进行成本分析，提出分析报告。一般说来，每周、每月都应进行一次成本分析，以指导餐饮生产经营活动的顺利进行。

（4）依据成本核算和分析的材料，对采购、储存、出库、领用以及库房、厨房、餐厅等各个环节、各个部门进行分析，找出影响成本的原因，并针对主要原因提出改进建议，以便为中高层管理者加强成本控制、降低成本消耗提供客观依据。

餐饮成本核算的步骤如图 9-2 所示。

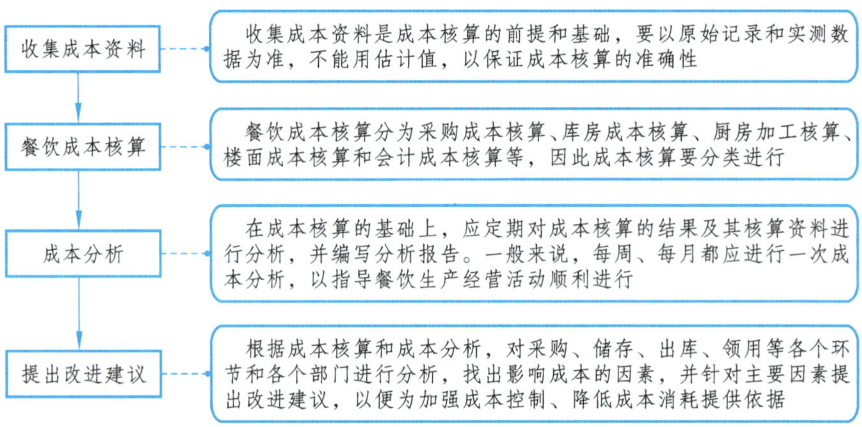

图 9-2　餐饮成本核算步骤

（四）成本核算的基础工作

餐饮成本核算分厨房核算和会计成本核算两个方面。厨房核算主要是指为厨房生产和产品定价服务，控制厨房实际成本消耗，同时为会计成本核算提供基础数据。会计成本核算主要从会计专业化管理角度核算各餐厅和企业餐饮成本消耗及成本率，控制餐厅和企业成本，同时为企业餐饮经营者和高层领导提供决策依据。

厨房核算和会计核算必须做好成本核算的基础工作，主要包括以下几个方面的内容：

（1）成本核算原始记录。

原始记录也叫原始凭证，是成本核算的依据。正确进行成本核算，必须建立原始记录制度并予以详细记录，如采购、储存、发料及生产销售等各个环节都要做好原始记录，并一式几份，以便完成记账、对账、查账等财务工作。主要包括原料进货发票、领料单、转账单、库存单、原料耗损报告单、生产成本记录表、生产日报。

（2）成本核算计量工具。

厨房为准确计量各种食品原材料的采购、领取、销售等各个环节原材料消耗，必须配备必要的计量工具。主要有以下三种：

① 台秤，用于大宗食品原料计量，如米、面、肉、青菜等。

② 天平秤或电子秤，用于贵重或小宗食品原料计量，如鱼翅、奶油等。

③ 量杯或量筒，用于调味品原材料计量，如油、黄酒等。在日常工作中，应根据不同食品原料适当使用不同规格的计量工具，以便准确计量、准确核算。

（3）成本核算数据处理。

餐饮成本核算是通过原料计量、计价和单位成本来计算实际成本的，其数据处理要正确，以便为成本控制提供客观依据。在餐饮产品成本核算过程中，其数据处理有以下三种形式：

① 有效数据。

有效数据是以实测或原始记录为依据所提供的数据，比较准确。在餐饮成本核算中，一般不得采用估计数据。如果必须用估计数据时，也应以过去的实测为准，以保证成本核算数据的准确性和有效性。

② 尾数处理。

尾数有重量尾数和价值量尾数两种。重量尾数处理一般到克为止，克以下的重量单位采用四舍五入法，进到克为止，然后按原料单价核算成本。如果说是特别贵重的食品原材料，也可用毫克为尾数单位。价值量尾数处理一般到分为止，分以下的成本尾数采用四舍五入，进到分为止。在产品定价时，如果价格较高，其尾数也可到角为止，角以下的价值量单位采用四舍五入法处理。

③ 成本误差。

成本误差分为绝对误差和相对误差两种。绝对误差是实际值和标准值的差额，用绝对数表示。相对误差是绝对误差和标准值之间的比率，用相对数表示。

需要注意的是，在成本核算中，必须保证核算制度统一，方法一致，计算准确，不重复不遗漏，以保证数据的可比性和可用性。

任务实施与评价

任务一 餐饮企业成本控制常见方法调研

一、任务实施

餐饮企业成本控制常见方法调研的任务实施步骤见表 9-7。

表 9-7 餐饮企业成本控制常见方法调研

任务一 餐饮企业成本控制常见方法调研	
任务步骤	任务描述
搜寻资料	从红餐网（http://www.canyin88.com）、企查查（https://www.qcc.com）等网站展开学习
观察记录	根据观察结果与所学知识完成任务工单
经验分析	结合个人及其他客户群体点评总结完成任务工单

二、学生工作页

（1）分成 4 个小组，通过学习分析网络资料，结合日常观察完成对餐饮企业成本控制常见方法的分析和总结。

（2）学生任务单见表 9-8。

表 9-8 餐饮企业成本控制常见方法调研（学生任务单）

<table>
<tr><td colspan="4">任务一 餐饮企业成本控制常见方法调研</td></tr>
<tr><td>班级</td><td></td><td>姓名</td><td></td></tr>
<tr><td colspan="2">调研企业基本情况：
1. 企业规模。
2. 企业客户群体。
3. 企业盈利情况。
4. 企业近三年发展情况。
5. 企业未来三年发展前景。
6. 企业社会口碑</td><td colspan="2">调研结果及思考：
1. 所用成本控制方法有哪些?
2. 成本控制是否科学?
3. 有哪些可以改进的地方?
4. 有哪些值得学习的地方</td></tr>
<tr><td colspan="2">调研企业基本情况：
1. 企业规模。
2. 企业客户群体。
3. 企业盈利情况。
4. 企业近三年发展情。
5. 企业未来三年发展前景。
6. 企业社会口碑</td><td colspan="2">调研结果及思考：
1. 所用成本控制方法有哪些?
2. 成本控制是否科学?
3. 有哪些可以改进的地方?
4. 有哪些值得学习的地方</td></tr>
<tr><td colspan="4">请分析你认为最合适大众快餐式餐饮企业的成本控制方法：</td></tr>
</table>

任务二 成本核算

一、任务实施

一桌（10 人）主题宴席的成本核算的任务实施步骤见表 9-9。

表 9-9 一桌（10 人）主题宴席的成本核算

任务二 一桌（10 人）主题宴席的成本核算	
任务步骤	任务描述
宴席主题及菜单设计	自定主题，设计宴席菜单（按 10 人一桌设计）
核算宴席所需成本	根据客户特点确定食材及宴席所需分量，根据当下情况，核算宴席菜品所需成本
完成宴席菜品定价	根据核算成本确定本次所需预算，并对宴席菜品进行定价
反馈盈亏情况	采购食材，完成宴席制作，计算食材、水、电、燃气等损耗率，总结成本核算是否准确

二、学生工作页

（1）分成 4 个小组，通过学习分析网络资料，结合所学知识完成宴席成本核算。

（2）学生任务单见表 9-10。

表 9-10 一桌（10 人）主题宴席的成本核算（学生任务单）

任务二 一桌（10 人）主题宴席的成本核算			
班级		姓名	
宴席主题及菜单设计			
核算宴席所需成本			
完成宴席菜品定价			
反馈盈亏情况			

参考文献

[1] 韩昕葵. 餐饮生产流程管理[M]. 长春：东北师范大学出版社，2014.
[2] 刘勇，马磊. 餐饮服务与管理[M]. 北京：化学工业出版社，2020.
[3] 马开良，叶伯平，徐斌. 酒店餐饮管理[M]. 北京：清华大学出版社，2023.